一分钟国学常识

于富荣　武庆新 / 编著

中国法制出版社
CHINA LEGAL PUBLISHING HOUSE

图书在版编目 (CIP) 数据

一分钟国学常识 / 于富荣，武庆新编著 .—北京：中国法制出版社，2019.11
ISBN 978-7-5216-0610-2

Ⅰ.①一… Ⅱ.①于… ②武… Ⅲ.①国学—通俗读物 Ⅳ.① Z126-49

中国版本图书馆 CIP 数据核字（2019）第 227198 号

策划编辑：李佳（amberlee2014@126.com）

责任编辑：李佳 刘阳　　封面设计：汪要军

一分钟国学常识

YI FENZHONG GUOXUE CHANGSHI

编著 / 于富荣 武庆新

经销 / 新华书店

印刷 / 三河市国英印务有限公司

开本 / 710 毫米 ×1000 毫米 16 开　　印张 / 12 字数 / 168 千

版次 / 2019 年 11 月第 1 版　　2019 年 11 月第 1 次印刷

中国法制出版社出版

书号 ISBN 978-7-5216-0610-2　　定价：39.80 元

北京西单横二条 2 号 邮政编码 100031　　传真：010-66031119

网址：http://www.zgfzs.com　　编辑部电话：010-66054911

市场营销部电话：010-66033393　　邮购部电话：010-66033288

（如有印装质量问题，请与本社印务部联系调换。电话：010-66032926）

前言

PREFACE

中华文明源远流长，各种传统知识博大精深、丰富多彩、兼容并包，是我们中华民族几千年文明的宝贵结晶，因而学习一些“给力”的国学常识具有非常重要的社会价值和文化意义，对于我们每个人来说也大有裨益。它能够增加我们对历史的了解、对文化的理解，扩大自己的知识面；能够帮助我们提升人文素养，开阔文化视野，汲取更多的智慧；能够丰富我们的知识储备，使我们游刃有余地应对多种场合，展现自己的博学多识，成为人群中令人瞩目的焦点，变身知识达人。

同时，文化是民族精神的核心，是民族的灵魂，是民族力量的源泉。文化的传承与发展对国家和民族的命运有着极为深刻的影响。也正是因为这样，中国传统文化总有一种令人无法抗拒的力量。由此，在经济社会飞速发展的今天，我们更需要“以文化的执着，文化的担当，文化的自觉，文化的尊重，传承民族文化的精华”，毕竟在经济发展物质文明进步的同时文化应有更高的发展，文化传承应该更加地积极。若是我们古老的历史民族文化被冷冻、被遗弃、被忘却，那无疑是一个国家一个民族的悲哀，一段历史一种文明的不幸。

因此，对传统文化知识的学习和传承是非常重要的，在传统知识文化的学习和追溯中，我们能够在寻常之中看到惊喜，在平凡之中体味到甘醇。所以我们总要挤出一些时间来把今天和传统文化联结起来，只有知今又知古，知其然也知其所以然，文化知识才会更加全面、系统，才不会被人视作“只知其一，不知其二”，在与人交流时才能游刃有余。尤其是对广大的青少年来说更是如此，更应该对传统文化知识有全方位的了解和把握，对现今的一些知识和文化现象知道它演变发展过程，使优秀的文化不至于湮没。

本书集知识性和趣味性于一身，内容涵盖了史海钩沉、国学经典、语言文字、诗词歌赋、书法绘画、音律戏曲、小说话本、文学名人、教育传承、餐饮膳食、礼节礼仪、节日习俗、传说趣闻、俗语成语十四个方面。而且，本书在参考了大量权威历史著作的基础上，择其精髓，全方位、多角度展示了最具有探索意义、人们最关注的也是最“给力”的传统知识。作者将这些知识以一个个引人入胜的问题的形式呈现在读者眼前，又以生动详尽的文字剖析了问题背后隐藏的文化真相。阅读本书的过程犹如一种充满趣味性的探索，必然会让读者获益无穷。

目录

CONTENTS

第一章
史海钩沉

002 李广为何一生没能封侯
004 曹操为什么至死都不肯称帝
006 元朝的“木匠皇帝”是谁
007 少年康熙是如何剪除奸臣鳌拜的
009 我国历史上最长寿的帝王是 89 岁的乾隆吗

第二章
国学经典

012 “执子之手，与子偕老”真是表达爱情的诗句吗
013 “诸子百家”是指一百个学术流派吗
014 《论语》是一本什么样的书
016 《孟子》对后世有什么影响
018 “二十四史”是哪些史书的合称
019 《四库全书》的“四库”是什么意思
021 《增广贤文》为什么被誉为蒙学经典
022 《弟子规》的书名有什么含义

第三章
语言文字

026 汉字最初是竖着写的，从什么时候起变成了横着写
027 最爱造字的皇帝是谁
029 孔乙己说“回”字有四种写法，这是真的吗
030 你知道“我”字最初指的是一种兵器吗
031 “烂醉如泥”的“泥”指的是淤泥吗
032 “大胜”和“大败”是一个意思吗
034 你能够正确地念出“万俟”的读音吗

第四章
诗词歌赋

038 我国历史上留诗最多的诗人是谁
039 “总把新桃换旧符”中的“新桃”最初指的是什么
040 “床前明月光”的“床”真的是指床吗
042 “青青子衿，悠悠我心”中“衿”指的是什么
043 “咬定青山不放松”说的是哪种植物
044 “衣带渐宽终不悔”中的“衣带渐宽”暗指什么

第五章
书法绘画

048 什么叫“力透纸背”
049 “魏碑”指的是什么
051 书法里的“雅正”是什么意思
052 “九宫格”的创始人是哪位书法家
054 我国历史上有两位最著名的女书法家，她们是谁
056 “国画十八描”指的是什么
058 为什么把中国画称为“丹青”
059 为什么说“画鬼容易画犬难”
061 你知道《清明上河图》中画了多少人吗

第六章
音律戏曲

064 古代的“五声”“八音”指的是什么
065 古代的乐师用什么方法记谱
067 《霓裳羽衣曲》是否真由唐明皇所创
068 皮影戏背后的故事是什么
070 被称为“驱梨园领袖，总编修师首”的是谁
071 “青衣”属于“生旦净丑”中的哪一类
073 京剧“四大名旦”是指谁
075 为什么把戏曲演员称为“梨园弟子”

第七章
小说话本

078 “小说”一词最早出自何人之口
079 我国最早的话本诞生于什么朝代
081 “无巧不成书”出自哪里
082 “负鼓盲翁正作场”描写的是什么情景
083 《三国演义》中的“五虎上将”在历史上确有其人吗
084 《红楼梦》中的骨牌现在还有吗
086 《金瓶梅》的作者兰陵笑笑生到底是谁

第八章
文学名人

090 陶渊明“不为五斗米折腰”，他靠什么维持生活
091 有过“茶墨之争”的是哪两位文人
093 哪位诗人曾用“金龟”换酒
094 为什么说苏轼是历史上罕见的全才
096 “贺梅子”是哪位宋朝词人的称号
098 元末三高士之一的杨维桢为什么会被后人称为“文妖”
099 “扬州八怪”究竟怪在哪里
101 蒲松龄为什么要摆茶摊

第九章
教育传承

104 中国最早的学校出现在什么朝代
105 孔门“四科”具体指的是什么
107 古人所说的“大学”和今天的大学是一个意思吗
108 “祭酒”是古代的一种学官名称吗
109 古代也有“博士”“教授”“助教”吗？分别指的是什么
111 古代的私塾是不是不教授数学课
113 “连中三元”到底是哪“三元”
114 为什么科举考试取得第一名被称为“独占鳌头”

第十章
餐饮膳食

118 最爱饮茶的朝代是哪个
119 古代也有对食品安全的规定吗
121 早餐中常吃的油条最早和谁有关
122 日常可见的豆腐最早是由谁制作而成的
124 北方的“元宵”和南方的“汤圆”是一种食品吗
125 备受喜爱的辣椒最初是产自我国吗

第十一章
礼节礼仪

130 《周礼》中的“五礼”之说具体指的是什么
132 情深义重的“八拜之交”究竟是哪“八拜”
133 古代男子为什么在取名之后还要有“字”
135 古代的座次以什么方位为尊
137 古人结婚时的“六礼”都具体包括哪些
139 没有机动车辆的古代也有交通规则吗
141 古人见到比自己地位高的人时，在行走中要注意什么礼节
142 清朝时风行的“打千儿”究竟是种什么样的礼仪

第十二章
节日习俗

146 人们为什么要在除夕夜“守岁”
147 “压岁钱”究竟是什么“钱”
149 春节时贴的“福”字到底有什么讲究
150 正月十五元宵节为什么要挂红灯笼
152 “男不拜月，女不祭灶”说的是什么节日
154 “遥知兄弟登高处，遍插茱萸少一人”发生在哪个节日
156 腊八节为什么总要喝碗“腊八粥”
157 “龙抬头”这天为什么要吃猪头肉

第十三章
传说趣闻

160 受人推崇的“三皇五帝”具体指的是谁
161 赵公明、比干、范蠡、关公这几位究竟谁才是“正财神”
163 太白金星最开始的时候是女性形象，这是真的吗
164 上古凶兽“饕餮”到底是什么动物
166 十二生肖中为何没有“猫”

第十四章
俗语成语

170 “吃醋”这个词是如何产生的
171 “摆谱”和摆架子有什么关系
173 为什么用“千金”来指代别人的女儿
174 激励人心的“座右铭”非要放在座位右边不可吗
176 “衣冠禽兽”最初是个贬义词吗
178 吃“闭门羹”到底说的是什么羹
179 “鼻祖”是否和鼻子有关
181 “信口雌黄”一词中的“雌黄”是指什么

第一章

史海钩沉

李广为何一生没能封侯

当我们时运不济或是身怀才能而被命运捉弄的时候，往往会用“李广难封”这个成语来抒发感慨。那么，我们在感慨自身的时候，有没有想过这样一个问题，就是有“飞将军”之称的李广为什么终其一生也没能封侯呢？难道是他的功绩还不足以获得封侯的赏赐吗？

众所周知，李广是一个具有传奇色彩的猛将。唐代诗人王昌龄曾写诗赞美道：“秦时明月汉时关，万里长征人未还。但使龙城飞将在，不教胡马度阴山。”李广一生从军，历经汉文帝、汉景帝和汉武帝三朝，长期戍守汉朝北方边境，与匈奴大小七十余战，威风赫赫，多次以少敌多，强有力地捍卫了汉朝边境安全。而且，李广箭术超群，力可透石；治军独到，战场上勇猛过人。因而，敌人听到李广的名字便不敢轻易犯边。可就是这样一位备受瞩目的汉朝战将，在连年用兵、军功易得的汉武帝时代，终其一生却也未能封侯。究其原因，大致有以下几个方面：

其一，是源自李广的性格因素。李广恃才傲物，常常意气用事，逞个人英雄而缺乏一定的战略观和大局观。显然，这是作为一军之将的极大缺陷，正因如此，他在对敌作战中常常会因追求自己的完美勇武形象而导致被敌人围困。最终虽然都能生还，但却失去了在战争中身为统帅因势改变全军战斗行为的能力。同时，据《史记》记载，李广最后一次出征是漠北大战以前将军身份随卫青攻击匈奴。当时，李广因为卫青让他从迂回绕远的东路出击匈奴而愤愤不平，竟不向大将军告辞就恼怒地回到部队。在这样的状态下率军出征的他与右将军赵食其配合缺少默契，加上环境恶劣，最终因大军迷路被问责，悲愤自尽。事实上，李广因名声大、资历老，加之不明白各路协同作战的重要性，不愿服从三军统帅的指挥。他的眼中只希望正面与敌军对决，想的往往是一片生硬的厮杀而缺乏谋略，忽略作战的战略意义。比如，他在对阵厮杀中为求箭无虚发常在数十步内引弓不射，守城时甚至曾亲率三百名士兵离开守军去追匈奴的三个射雕者。无疑，这样的性格缺陷使得李广很难获得真正的赏识，最终也就难以走上封侯之路。

其二，是源自李广治军不严。李广在治军方面虽然有独到之处，能够与士兵同甘共苦，士兵有极大的自主性，但是却过于宽松，甚至幕府文书也能简则简。这样尽管给士兵提供了方便，但却使军队整体变得散漫，缺乏纪律性和组织性。正规的幕府文书要求十分详尽，要涉及每个士卒的姓名相貌特征，每天有哪些人生病，什么病，用了什么药，哪个时间段谁替换了谁的岗位等，可以说是面面俱到。这样无论出了什么事情都能够具体到某个时间和个人，能够更加精准地管理。而李广的治军之法，则直接导致了对很多情况无法及时了解，军队的整体素质受到影响，降低了集体的作战能力，因而战果不佳。

其三，是由于李广军功不够，未达到封侯的标准。当时西汉的封侯标准大致有如下四项：捕获以及斩杀敌军王、相、将军等重要首领的；斩杀敌军数量达千人以上的；在对敌作战中为夺取胜利做出过重大贡献的；父亲在战斗中做出重大贡献的，其子可封侯。而李广在汉文帝和汉景帝时期主要负责的是对匈奴的防守工作，汉武帝时有五次对敌作战，其中三次没有与敌人遭遇，两次以溃败告终。纵观李广的一生，虽然他作战英勇，对敌人极有威慑力，令敌军胆寒，但在对敌的七十余场战斗中歼敌数量都没有达到封侯的标准，也未能俘获或是斩杀敌方的重要首领，甚至还有不少的败绩，所以最终也没能封侯。

另外，“李广难封”还有一些细节方面的因素，如汉朝的悬赏制度有不足之处，李广曾私自接受汉景帝政敌梁孝王刘武的将军印，汉武帝重用少壮派的卫青和霍去病，等等。所以，李广之所以未能封侯并不是某一个方面的原因，而是各种因素综合作用的结果。李广个人虽然勇猛威武，名声很大，可也有种种的局限和不足。看来，人真的是很难做到尽善尽美。有道是“冯唐易老，李广难封”，我们在引用这句话来表示怀才不遇，或是感慨世态人情的时候，不妨先从自己入手，找出自身的不足之处。

曹操为什么至死都不肯称帝

说起东汉末年的天下动乱，我们就不得不提到曹操，他是著名的军事家、政治家，统一了北方，官拜丞相，封魏王，奠定了曹魏政权的基础。同时，他拒匈奴于千里之外，建立屯田制，使人民生活趋于安定。可以说，曹操的一生取得了令人瞩目的丰功伟业，是中国北方的实际统治者。可是我们在回顾曹操这一生的时候，不禁会生出这样的疑问，就是曹操挟天子以令诸侯，成就了宏图霸业，为什么至死都没有称帝呢？曹操到底是出于什么样的考虑呢？

曹操年轻时就胸怀大志，凭借着对权谋与人才的妙用，在东汉末年的董卓之乱中首倡义兵，队伍日益发展壮大，终于取得了统一北方的功业，被认为是“治世之能臣，乱世之奸雄”，在知天命之年达到了权力的巅峰。若是再进一步便是称帝建国，可他最终也没有这样做。究其原因，大致有以下几个方面：

其一，曹操不愿背乱臣贼子的骂名。当时，虽说汉室衰微，豪强并起，可人们心中的纲常伦理、忠孝礼仪尚在，汉朝四百年基业的余威及对人们的影响尚在，整体上仍旧是人心向汉的局面，一时难有改变。而曹操本人原本亦是汉臣，虽有雄才大略，但仍旧摆脱不了儒家文化的影响。正因如此，曹操在征伐的过程中，挟天子以令诸侯，以天子之名出师平乱，一直以忠心辅佐汉室的“贤能将相”自居，与篡权夺位的“奸佞小人”相区别。也因此，曹操赢得了大批忠于汉室、愿意效忠汉室的人才。可曹操若是废掉汉献帝，自立为帝，那他必然会沦为千夫所指的罪人，难逃世人的责骂和唾弃，也会使自己的阵营出现分崩离析的局面。由此，在儒家正统文化根深蒂固的影响下，曹操不敢冒天下之大不韪，落得个乱臣贼子的骂名。

其二，曹操出于对时局的判断不敢贸然称帝。当时，曹操虽说牢牢地掌握着汉室，但他的势力范围毕竟仍局限于北方，在南方还有孙权、刘备政权虎视眈眈，伺机图谋，他们也绝非等闲之辈。如果曹操贸然称帝势必引起孙刘政权的强烈反对，从而使自己成为众矢之的。那时，孙权刘备结盟，集合天下英雄豪杰，便能够以讨伐乱臣贼子之名对他发起猛烈进攻，他虽拥兵百万，谋士众多，但业已取得的“挟天子以令诸侯”的优势便会瞬间土崩瓦解，陷入政治以及道德上的被动，随之一场惨烈的激战在所难免。古人打仗向来讲究师出有名，名正则言顺，言顺则事成，可被扣上乱臣贼子的帽子与天下豪杰对抗，战局势必对自己不利，甚至到最后会落得个“偷鸡不成蚀把米”的下场。面对如此不利的局势，作为政治家的曹操当然不会贸然行动，不会贪图一时痛快而使自己的霸业毁于一旦。显然，这主要是曹操从政治上权衡利弊的结果。

其三，曹操注重实权而非虚名。曹操虽出身豪门，但系宦官之后，在时人眼中仍旧比较卑微。因此，曹操为人处世最重实际，不讲究虚名，为达目的不择手段。在东汉末年的动乱之中，曹操也正是凭借着这一点才一步步发展壮大。而且，这也是他能够战胜四世三公的袁绍的一个十分重要的原因。因此，在曹操的心里，实权和虚名孰轻孰重他再清楚不过。这时，曹操官拜丞相，封魏王，天子诏令由他口授，朝廷政策由他制定，官员任命由他授意，他虽无帝王之名却有帝王之实。皇帝的名号对曹操来说，并非锦上添花，反而可能因此而遭落井下石之罪。所以，曹操并不想取汉室而代之，对帝位也并没有多大的欲望。曹操很清楚，帝王这个虚名对他来说有害无益。

可见，曹操之所以至死都没有称帝是多种因素综合考量的结果。对此，曹操曾直言“若天命在吾，吾为周文王矣”，意思是说，“如果天意选中了我，那我就当个周文王吧”。众所周知，周文王没有篡位，而是周武王封的。曹操说这句话的真实意思就是，他并无称帝之心，但他的子孙会不会称帝，就要看天命了。

元朝的“木匠皇帝”是谁

很少有人会把“帝王”和“木匠”两个词语联系在一起，但是历史总能出现惊人的巧合，帝王的身上总会因其喜好而衍生出各种各样精彩的故事。在中国历史上就有一些因匠艺而出名的帝王。元朝就有这样一位皇帝，他在木工和建筑方面有杰出的才干，甚至被后人称为“鲁班天子”，那这位元朝皇帝到底是谁呢？

原来，这位有“鲁班天子”之称的皇帝便是元顺帝。元顺帝，是元政权的最后一位皇帝，虽说政治上确实缺乏才能，以致最终被朱元璋赶出中原，但他却是一位潜心于木匠活的天才建筑师、设计师和发明家。据史料记载，元顺帝对于木工设计、制作和机械都十分精通，且极富智慧和创造力。他宠信的宦官在宫外建造宅院时，他都会亲自动手设计房屋的模型，而这些模型全都是真材实料打造的，有的还以黄金珠宝做点缀。

其中，元顺帝最为成功也最为人称道的两件作品莫过于宫漏和龙船了。宫漏是一种报时装置，高六七尺，宽三四尺。各种漏壶都被隐藏在一个特制的木柜中，在柜腰一侧有一个身姿曼妙的玉女，会随着时间的推移而浮出水面。而且，里面还有各种自动报时的装置，不仅精巧绝伦而且准确无误。

龙船则是元顺帝于公元 1354 年在内苑打造的。据明代王世贞《艳异编》记载，这艘龙船由元顺帝亲自设计图纸，首尾长一百二十尺，宽二十尺，整艘船需要二十四个水手同时操作，上面设有帘棚、暖阁、楼阁、穿廊、殿宇等，龙身和殿宇皆五彩金妆，甚是雄伟。龙船行走之时，龙首、眼、口、爪、尾都能动弹，宛如真龙在水上嬉戏，奇妙无比，灵巧非常。

可也正是由于元顺帝兴趣爱好和帝王身份的严重不符，使得在他执政后期，农民起义的烽火燃遍了大江南北，皇权岌岌可危，最终崩塌。

少年康熙是如何剪除奸臣鳌拜的

说起康熙帝，我们都不得不说他是中国历史上最英明的君主之一，他是统一多民族国家的捍卫者，开创了康乾盛世的局面。而康熙之所以有如此巨大的成就，并不是一蹴而就的，从少年的时候起，康熙就展露出了他异于常人的胆识和才智，而其中最可圈可点的就是他“智擒鳌拜”的事情了。那么，年仅 16 岁的康熙究竟是如何剪除权臣鳌拜的呢?

清顺治十八年（1661 年），顺治皇帝福临驾崩，留下遗诏立 8 岁的皇子玄烨为太子，承继大统。可玄烨年幼无法亲政理事，需要重臣辅政；而顺治帝吸取了当年多尔衮摄政专权的教训，废除了由宗室亲贵出任摄政官员的旧制，任命异姓功臣来担此重任。而且为了让他们相互牵制，顺治皇帝特意委托索尼、苏克萨哈、遏必隆和鳌拜四位大臣共同辅政，还有太皇太后（史称孝庄文皇后）辖制。辅政初期，四位大臣齐心合力，同舟共济，履行着自己在顺治帝灵前的誓言，遇事便晋谒皇帝与太皇太后。可时间一久，情况渐渐发生了变化，形成了鳌拜结党营私的局面。

在四位辅政大臣中，索尼资格最老，位居辅政大臣之首，但年老体衰逐渐力不从心；苏克萨哈虽位居索尼之后，但终究在朝中威信不够；遏必隆为人怯懦，缺乏主见，遇事越发以鳌拜马首是瞻；鳌拜则骄横跋扈、野心勃勃，依靠战功为所欲为，意图独揽朝政。后来，鳌拜进一步结党营私，排除异己，安插党羽，甚至拦截奏章，气焰十分嚣张。面对这种状况，年幼的康熙虽无力反抗，但却不失魄力，对鳌拜的跋扈暗暗发力，与其展开较量。当然，康熙此时也十分清楚自己的处境和朝局，他对鳌拜在表面上仍旧保持必要的恭敬，甚至假意示弱。

康熙六年（1667 年），年满 14 岁的康熙皇帝在太皇太后的支持下开始亲政，可鳌拜不但没有收敛反而变本加厉，野心进一步膨胀，大肆揽权，诛杀异己，一点都不把亲政的少年康熙放在眼里，反而步步紧逼。面对如此局势，康熙坚毅果断，下定决心要铲除权臣鳌拜，尽管现在自己势单力薄，但也要放手一搏。为此，康熙积极地准备着，一面积极培养自己的势力，扩大自己在朝中的影响，一面假意示弱，在鳌拜面前玩世不恭。因为，即使是在宫内，也遍布鳌拜的耳目，所以年少的康熙一刻也不敢马虎。

后来，康熙终于想到了一个两全其美的办法。他从王府亲贵中挑选了一批身强力壮的少年，组成宫廷卫队，整日和他们在宫中玩起“布库”，也就是满族的一种摔跤角力的游戏。鳌拜得知后认为康熙年少无知，玩物丧志，只不过是个贪玩的孩子，于是便放松了对康熙的警惕。谁料，短短两年过后，康熙的这群“童子军”就已经练得个个身手矫健。康熙见时机成熟，随即布置行动，先是把鳌拜的党羽以各种各样的理由纷纷支出京城，然后召集练习布库的少年侍卫们开会，做详细安排。

这天，康熙邀请鳌拜来到宫中观看他们的布库演练，鳌拜没有防备，如约来到宫中。就在少年们表演布库的过程中，康熙突然命令他们擒拿鳌拜。虽说鳌拜军功赫赫，号称“满洲第一勇士”，但是突然遭到袭击，加上少年们个个生龙活虎、训练有素，一拥而上七手八脚就将鳌拜生擒了。逮捕了鳌拜后，康熙随即展开一系列的抓捕行动，并命人立即审讯鳌拜，宣布他三十大罪状，将其处以死刑。但鳌拜身上为国征战留下的累累伤痕使康熙动了恻隐之心，康熙免了他的死罪，对他的朋党也做了宽大处理。如此一来，康熙不仅清除了鳌拜在朝势力，稳定了朝政局势，还收拢了人心。

就这样，少年康熙面对如此复杂棘手的局面，周密部署、顾全大局、沉着机智，虽处于弱势地位却一举剪除了权臣鳌拜。作为初登大宝的少年天子，他充分显示出了一个睿智政治家的风范和智慧。此后，康熙好学不倦、勤于政事，在处理民族关系上力求民族团结、缓和民族矛盾，如此经过一系列的改革，强有力地捍卫了中国这个统一的多民族国家，奠定了清朝兴盛的根基，一个日渐繁荣的时代正悄然来临。

我国历史上最长寿的帝王是89岁的乾隆吗

帝王是封建社会的最高统治者，拥有至高无上的权力。由于政务烦琐冗杂，累于政事或沉溺淫乐等因素，历史上短寿的帝王很多。而一般认为，中国历史上最长寿的帝王为清高宗爱新觉罗·弘历（乾隆皇帝），享年89岁。那么，历史上最长寿的帝王真的是乾隆吗？

清雍正十三年（1735年），雍正皇帝驾崩，25岁的皇四子弘历继承皇位，即乾隆皇帝。乾隆皇帝精明强干，踌躇满志，即位伊始便暗下决心，要成为千古明君。为此，他励精图治，一步步把皇权牢牢地掌握在手中，一直到乾隆五十四年（1789年），乾隆才认定颙琰为自己的接班人。可尽管如此，乾隆皇帝对权力的欲望仍旧十分旺盛。嘉庆元年（1796年），乾隆禅位给太子颙琰，自己逊位为太上皇，“嘉庆”年号正式登上历史舞台。但乾隆成为太上皇后，既没有离开乾清宫，也没有离开养心殿，权力仍然牢牢地掌握在他的手中，所有的朝政大事仍由他说了算，嘉庆皇帝并没有什么实权。

直到嘉庆四年（1799 年），89 岁高龄的乾隆皇帝驾崩，权力才真正从他的手中放了出来，“压抑”许久的嘉庆皇帝正式“亲政”，大清王朝正式进入嘉庆时代。由此，乾隆皇帝成为中国历史上寿命最高、实际掌握权力最长的大国皇帝。他在执掌皇权这六十多个年头里，一天也没有和任何人分享过他的权力，这不容他人染指的权力成就了乾隆皇帝的千秋伟业，更让他毁誉参半，伴随他走到了生命的尽头。

不过，若是把中国历史上大大小小的帝王都算起来的话，乾隆皇帝并不是寿命最长的。据史料记载，南越武帝赵佗享年 103 岁，在帝王的寿命中堪称绝无仅有。赵佗是河北真定人，是南越国第一代君主，公元前 203 年至前 137 年在位。公元前 219 年作为秦始皇平定南越的 50 万大军的副帅。公元前 208 年，天下大乱，赵佗临危受命，尽杀秦朝官吏，夺取象及桂林二郡，将原四县扩为千里之邦。公元前 204 年，赵佗在越、汉两族的拥戴下自号“南越武王”，定都番禺。

到了西汉初年，南越国臣服，赵佗作为汉的藩属国君主，以最高权力管理南越，一直到汉武帝刘彻建元四年（公元前 137 年）去世，在位共 66 年。其间，赵佗一直实行和辑百越的政策，致力于传播推广中原先进的耕种、灌溉、冶金、纺织等生产技术，促进了民族融合，并把中原地区的先进文化带到了南越之地，使南越得到了更好的发展，对南越国来说厥功至伟。所以，若是不局限于中原的帝王，南越武帝赵佗才是历史上寿命最长的帝王。

第二章

国学经典

“执子之手，与子偕老”真是表达爱情的诗句吗

恋爱中的人们总少不了甜言蜜语，不管是作为山盟海誓的誓词还是步入婚姻殿堂的感言，“执子之手，与子偕老”这一诗句常被用来表达对爱人坚贞不渝的情谊。但其实这句诗最初并不是表达爱情的句子，甚至可以说和爱情基本没有什么关系。那么，这到底是怎么一回事呢？

要弄清楚这个问题就需要我们对这句诗的来源以及这整首诗的意思有一个清楚的了解和把握。首先，“执子之手，与子偕老”这句诗出自《诗经·邶风》里的《击鼓》篇，原句是：“死生契阔，与子成说。执子之手，与子偕老。”这两句诗的具体意思，不同的注本往往会有不同的解释。其中一种解释是：我曾经对你说过，生死聚散。拉着你的手，和你一起老去。还有一种解释是：我们早已经立下誓言，一同生死不分离。让我握住你的手，同生共死上战场。而要确定哪种解释更加贴近原诗的本意，我们不妨先对全诗的主旨以及创作背景进行一些了解，了解了这些再来理解这句诗的本意就会简单许多。

现存最早的《诗经》注解当数“毛传”和“郑笺”，而在这两个版本的注解中，对这首诗的创作背景达成了一致意见，认为其背景是卫国联合宋、陈、蔡伐郑。虽说在其他的注解版本中，具体背景的细节描述有所差异，但可以肯定的一点就是，这首诗是在战争的背景下创作的。诗人在这首诗中以自己的切身感受来宣泄对战争的抵触情绪。其中，“契阔”的本意是指“勤苦”，这整段话则是两名战友在艰苦漫长的远征环境中的相互勉励之词，以及表达在战争中对生命的尊重、对幸福生活的歌咏。

而之所以会出现“山盟海誓”一说，变成了表达爱情的标语性文字，主要缘于当代学者钱锺书先生《管锥编》中的解说，加上后来者的一些杜撰。

“诸子百家”是指一百个学术流派吗

众所周知，春秋战国时期是我国历史上社会大动荡、大变革的时期。这一时期，社会的政治、经济以及思想文化都发生了很大的变化，尤其是思想文化方面，剧烈的社会动荡不仅没有使文化覆灭，反而催生了“诸子百家”，出现了“百家争鸣”的繁荣局面，对后世的思想文化发展产生了重大的影响。那么，所谓的“诸子百家”真的是有一百个学术流派吗？

实际上，政治动荡带来的社会变革往往会催生出许多新的思想文化，因为在剧烈的社会变革中，各诸侯国的阶级关系不断出现新的变化，不同阶级、不同群体都会对社会变动提出不同的主张和看法。所谓乱世出英雄，在思想文化领域其实也是如此，越是动荡，人们的思想就越是活跃，越是多样化，这样各种思想和主张不断地冲击碰撞、交互融合，逐渐形成了“百家争鸣”的局面。

其中，所谓的“诸子”就是指这一时期在思想文化领域反映不同阶层利益的思想家或其著作，而“诸子百家”则是指春秋战国时期各种学术派别的总称。当然，所谓的“百家”并不是说有一百个学术派别，而只是一种笼统的说法，表示当时的思想家非常之多。那么，春秋时期的“诸子”到底有多少家呢？根据《汉书·艺文志》的记载，当时说得上名字的学术流派总共有189家，相关著作有4324篇。而这189家“诸子”的思想主旨，基本上都是为各国的国君提供政治方略，由于内容庞杂所以各家内容相互交叉融合，由此共同推动着春秋战国时期思想文化的繁荣发展。

后来，根据《隋书·经籍志》和《四库全书总目》等书中的资料记载，“诸子百家”实际上有上千家，只不过当时流传较广、影响较大、较为著名的不过几十家而已。而最后发展成学派、影响广泛且深远的则只有十家。它们分别是法家、道家、墨家、儒家、阴阳家、纵横家、小说家、名家、杂家、农家。不过，根据研究者的不同和时代的局限性，“诸子百家”的主要流派，还有九家和十二家之说。其中十二家之说是增加了“兵家”“医家”，九家之说是去掉了“小说家”。

另外，“诸子百家”中又以孔子、老子、墨子为代表构成三大哲学体系，加之其他学术思想的争奇斗艳，大放异彩。可是到了西汉时，汉武帝推行“罢黜百家，独尊儒术”，又经多番周折，最终在宋朝的时候确立了以孔子和孟子为代表的儒家思想主流地位。以至今日，儒家思想对人们的影响仍旧深广。中国周边的一些国家的文化也不同程度地受到儒家思想的影响。

《论语》是一本什么样的书

随着教育理念的发展和人们对传统文化重视程度的提高，“读经热”“国学热”越来越成为人们讨论的话题，而且这个“热”很重要的一个表现便是对《论语》的认识和解读，由此《论语》讲坛、《论语》心得借助电视和网络，受到许多观众或读者的追捧。那么，《论语》到底是一本什么样的书呢？这本书有什么吸引人的地方，千百年来让人们爱不释手呢？

实际上，《论语》是一本记录春秋时期思想家和教育家孔子及其弟子言行的书，是儒家重要的经典之一。全书共20篇。从字面上理解，《论语》是言论的汇编。从内容上来看，《论语》以记言为主，采用语录体和对话体，主要记述了孔子对其弟子所提问题的回答以及孔子弟子的一些言行。对此，东汉班固的《汉书·艺文志》曾记载："《论语》者，孔子应答弟子、时人，及弟子相与言而接闻于夫子之语也。当时弟子各有所记，夫子既卒，门人相与辑而论纂，故谓之《论语》。"

由此也可看出，《论语》出自众人之手，这些人有孔子的弟子以及再传弟子，也有孔门以外的人，但主要还是孔门弟子。所以，汉代时把这类有关孔子及其弟子言行记录的书都称为《论语》，我们现在所读的《论语》并非孔子弟子编撰的原始本，而是经过了多次的筛选和编撰。不过，《论语》中经过筛选和编撰的这些对话、言行都是非常具有教育意义的，其中对孔子的政治理想、伦理主张、道德观念以及教育原则都有反映和记录。

语言上，《论语》言简意赅、含蓄隽永，都是三言两语说明一个问题。同时，它善于通过神情语态的描写，展现人物形象，使孔子以及孔子弟子的形象都得到了很好的呈现。如《论语》中有孔子仪态举止的静态描写，也有其个性气质的传神刻画。就孔门弟子来说，有子路的率真鲁莽、颜回的温雅贤良、子贡的聪颖善辩等，每一个都称得上个性鲜明，让人印象深刻。正是由于这些特点，在汉代《论语》曾被定为学习经学的入门书。

到了宋代，朱熹把《论语》定为"四书"之一，此后儿童入学先是学习《三字经》《百家姓》《千字文》，然后是《神童诗》《幼学琼林》《龙文鞭影》《千家诗》一类的通俗读物。读完后，就是"四书"，从《大学》《中庸》开始，然后就是《论语》和《孟子》。所以，《论语》是一本十分重要的儒家经典，在朱熹的推崇下甚至成为儒家"第一经"，具有深远的影响。

《孟子》对后世有什么影响

说起儒家思想，我们除了要提孔子，还不得不提的便是孟子了。在儒家文化千年的传承中，孟子是其中杰出的代表人物之一，孟子以其深邃的思想、雄辩的语言给后人留下了深刻的印象。孟子的思想和言论被记录在《孟子》一书中，它被后世读书人奉为经典的“四书”之一。那么，《孟子》到底对后世有什么影响呢?

其实，《孟子》是记载孟子及其学生言行的一部书，流传下来的共计七篇，分别是《梁惠王》《公孙丑》《滕文公》《离娄》《万章》《告子》《尽心》，篇名取自各章开头的几个字，没有特别的含义。而要说《孟子》的影响和地位，我们首先要对孟子有个大致的了解。孟子是著名的思想家、政治家和教育家，孔子学说的继承者，儒家学派的重要代表人物。孟子曾带领学生游历魏、齐、宋、鲁、滕、薛等国，并一度担任过齐宣王的客卿。由于他的政治主张也与孔子的一样不被重用，所以他便回到家乡聚徒讲学，与学生著书立说。

《孟子》一书大约完成于战国中期，翔实地记录了孟子的思想、言论和事迹。从形式上，该书为语录体，以答问方式展开，主要论证方法为驳论。其学说的出发点为性善论，提出了“仁政”“王道”的政治主张，强调德治。最初，《孟子》的地位并不是很高，《汉书・艺文志》仅把《孟子》放在“诸子略”中，视为“子书”。后来，《孟子》的地位和影响得到提升，在汉代人的心中，它已经被看作辅助“经书”的“传”书。东汉末年经学家赵岐在《孟子题辞》中把《孟子》与《论语》相比，认为《孟子》是“拟圣而作”。汉文帝把《论语》《孝经》《孟子》

《尔雅》各置博士，便叫“传记博士”。到五代十国的后蜀时，后蜀主孟昶命人楷书十一经刻石，其中就包括《孟子》，这可能是《孟子》列入“经书”的开始。到南宋时，大儒朱熹编《四书》时列入了《孟子》，正式把《孟子》提到了非常高的地位。元明以后《孟子》又成为科举考试的内容，更是成为读书人的必读书。

《孟子》地位的逐步提升也意味着其影响的逐步扩大。尤其是随着宋明理学的盛行，《孟子》所倡导的儒家仁义礼智、王道思想、仁政措施，被统治者广泛接受，孟子的思想也广为流传。同时，《孟子》在政治及经济方面的新主张，如改进传统的“重农抑商”思想、“井田制”制度设想等，对后世确立限制土地兼并，缓和阶级矛盾的治国理论都有着深远的影响及指导意义。此后，《孟子》成为人们修养品德和君主实施仁政的理论根据。

《孟子》与《论语》相比，有许多的长篇大论，气势磅礴，议论尖锐、机智而雄辩。如果说《论语》能够给予仁者谆谆告诫，那么《孟子》给人的感觉就是侃侃而谈的雄辩色彩，对后世的散文写作产生了深刻的影响。《孟子》继承和发展了孔子“因材施教”的教学理念，提出教育学生必须有一定的标准，使学生有一个明确的奋斗目标。孟子所倡导的学习方法和教育理念是我国古代教育学的结晶，对我们今天的学习和教育仍然有一定的参考价值。此外，孟子关于个人修养以及如何理解古诗的一些看法，对后代文学批评也产生了一定的影响。

可见，《孟子》是一部十分重要的儒学经典，对后世产生了重大的影响。我们在学习《孟子》的时候一定要仔细揣摩，好好体会。

“二十四史”是哪些史书的合称

说起正史，我们就不得不提“二十四史”，它上起传说中的黄帝，下至明朝崇祯十七年（1644年），内容跨跃4000多年，洋洋洒洒4000多万字，可谓鸿篇巨制。那么，“二十四史”都包括哪些史书呢？

实际上，“二十四史”是中国古代各朝撰写的二十四部史书的总称。《史记》作为我国历史上第一部纪传体通史，它的体例被历代统治者认定为官方修史的正式写法，因而将和《史记》一样用纪传体写作的史书都称作“正史”。而且，“二十四史”统编不是一蹴而就的，而是经历了一个漫长的过程。

在三国时期，有“三史”之称，即《史记》《汉书》《后汉书》。后来，加上《三国志》称为“前四史”。之后，又有了合称为“十史”的史书，记载了三国、晋朝、南朝宋、南朝齐、南朝梁、南朝陈、北魏、北齐、北周、隋朝十个王朝的历史。接着，又加入了《史记》《汉书》《后汉书》，被称为“十三史”。到了宋代，又加入了《南史》《北史》《新唐书》《新五代史》，被称为“十七史”。明代的时候，又增加了《宋史》《辽史》《金史》《元史》，被称为“二十一史”。直到清朝乾隆年间，陆续加入了《明史》《旧唐书》《旧五代史》，由乾隆皇帝钦定“二十四史”，又称“钦定二十四史”。由此，从乾隆四年（1739年）到乾隆四十九年（1784年）于武英殿刻印的《钦定二十四史》，成为中国古代“正史”最完整的一次大规模汇刻。

具体来说，“二十四史”分别有：《史记》（西汉·司马迁）、《汉书》（东汉·班固）、《后汉书》（南朝宋·范晔）、《三国志》（西晋·陈寿）、《晋书》（唐·房玄龄等）、《宋书》（南朝梁·沈约）、《南齐书》（南朝梁·萧子显）、《梁书》（唐·姚思廉）、《陈书》（唐·姚思廉）、《魏书》（北齐·魏收）、《北齐书》（唐·李百药）、《周书》（唐·令狐德棻等）、《隋书》（唐·魏征等）、《南史》（唐·李延寿）、《北史》（唐·李延寿）、《旧唐书》（后晋·刘昫等）、《新唐书》（北宋·欧阳修、宋祁）、《旧五代史》（北宋·薛居正等）、《新五代史》（北宋·欧阳修）、《宋史》（元·脱脱等）、《辽史》（元·脱脱等）、《金史》（元·脱脱等）、《元史》（明·宋濂等）、《明史》（清·张廷玉等）。

另外，"二十四史"的内容十分丰富，涉及各朝代的政治、经济、文化艺术和科学技术等方方面面的信息，是我国公认的古代史学的主体，在中国古代史上占据着十分重要的地位，不仅对中华民族的文化传承和延续有着举足轻重的作用，还具有十分重要的史学价值。

《四库全书》的"四库"是什么意思

清朝是我国封建社会的最后一个朝代，也是一个绽放着荣耀和铭记着伤痛的时代。而在清朝鼎盛的时期，让人们印象深刻的文化表现无疑是乾隆时期启动的大型图书编撰工作。这一编撰工作的成果就是完成了中国历史上最大的一部丛书《四库全书》。此举整理了浩如烟海的中华古籍，推动了中华文化的发展。那么，《四库全书》中的"四库"到底是什么意思呢？

其实，《四库全书》的整理和编撰耗费了大量的人力物力。首先，乾隆皇帝通令全国访求天下书籍，征来了数以万计的书籍。历时两年，大量书籍被送到京师后，乾隆皇帝便立即着手成立《四库全书》馆，并派纪昀、王念孙等 360 位知名学者入馆编撰。最终，《四库全书》根据政治和文化的需要，耗时十余年，共著录图书 3400 多种，79000 多卷，36000 多册。试想一下，如此数量庞大的书籍汇集到一起编撰，要想有系统、有条理，就必须进行科学的分类。而所谓的“四库”其实就是对这些图书进行的分类方法。由此，“四库”又称为“四部”，即经、史、子、集。

事实上，这种图书分类方法自汉代以来就形成了。具体来说，《四库全书》的“四库”下面又会分出许多小类。其中，“经部”主要包括《周易》《尚书》《诗经》《周礼》《仪礼》《礼记》《左传》《春秋公羊传》《谷梁传》《论语》《孝经》《尔雅》《孟子》等；“史部”主要包括“二十四史”、《资治通鉴》等；“子部”主要包括先秦诸子、医家、艺术和类书等著述，及部分佛、道典籍等；“集部”则主要包括楚辞、汉赋、骈文、唐宋诗词、元曲、历代文集等。

另外，《四库全书》编撰好之后，乾隆皇帝又命人誊写了七部正本，分别收藏于当时的七大藏书阁，即京师（今北京）紫禁城文渊阁、圆明园文源阁、盛京（今沈阳）文溯阁、扬州文汇阁、杭州文澜阁、承德避暑山庄文津阁和镇江文宗阁。只不过，到了战火频仍的近代，《四库全书》厄运不断——圆明园文源阁藏本在 1860 年被英法联军焚毁；扬州文汇阁藏本和镇江文宗阁藏本在太平天国运动中被毁；杭州文澜阁藏本在太平天国运动中散落民间，后经修补藏于浙江省图书馆。只有北京文渊阁藏本、沈阳文溯阁藏本、承德避暑山庄文津阁藏本经历“九死一生”，得以留存后世。

也正因此，保存至今的《四库全书》弥足珍贵。它是对中国古代文化典籍的一次规模空前的整理，具有重大的文化价值和历史意义。

《增广贤文》为什么被誉为蒙学经典

《增广贤文》是我国古代著名的儿童启蒙书目之一，又名《昔时贤文》《古今贤文》，在儿童启蒙教育中影响极大，以至于提到蒙学经典就不得不提《增广贤文》。那么，《增广贤文》为什么会有这么大的影响力，又为什么会成为经久不衰的儿童启蒙经典呢？下面，我们就一起走进这本启蒙书，了解一下吧。

其实，《增广贤文》的书名最早见于明代剧作家汤显祖的《牡丹亭》。后来，经过明、清两代文人的不断增补，其间又吸收了无数的民间智慧才成了现如今的这个版本。从形式上来说，《增广贤文》以有韵的谚语以及文献佳句选编而成，全书以韵文的形式，将佳句排列在一起——三言、四言、五言、六言、七言交错呈现，灵活多变，读起来抑扬顿挫、朗朗上口。这种排列方式突破了传统启蒙读物一种句式贯穿到底的格式，语句也更加接近口语，孩子更容易接受和记诵。而且，《增广贤文》的篇幅也不长，通行本全书近四千字。

从内容上来说，《增广贤文》涉及的知识十分广泛。这部数千字的妙文，从礼仪道德、典章制度到读书治学、待人接物几乎无所不包，加上书中的语句都比较精辟，是对中国人处世经验、生活智慧的总结，且以“性本恶”为前提，用冷峻的眼光来审视社会，将社会百态经过高度概括，陈列在读者的面前，具有很强的说服力。这使得《增广贤文》深入人心，拥有旺盛的生命力。

具体来说，《增广贤文》大致包含以下几个方面的内容：一是谈论人际关系，二是谈论命运，三是谈论为人处世，四是表达对读书的看法。在书中，世人大多嫌贫爱富、趋炎附势，世界充满了陷阱和危机——如“贫居闹市无人问，富在深山有远亲”“画虎画皮难画骨，知人知面不知心”“不信但看筵中酒，杯杯先敬有钱人”“相识满天下，知心能几人”等。当然，在肯定金钱不可或缺的同时，它也认为有比金钱更重要的东西，如“钱财如粪土，仁义值千金”“积金千两，不如明解经书”等。

在谈及命运和报应的内容时，书中认为人若行善就会有好的际遇，如“举头三尺有神明”“但行好事，莫问前程”“人有善愿，天必佑之”等；人若作恶就会遭报应，如“善有善报，恶有恶报”“天网恢恢，疏而不漏”等。在待人接物上，书中强调自我保护的重要性，如“逢人只说三分话，未可全抛一片心”“见事莫说，问事不知，闲事莫管，无事早归”“结交须胜己，似我不如无”“路遥知马力，日久见人心”“忍得一时之气，免得百日之忧”“三思而行，再思可矣”等，具有一定的积极意义。在讲做事原则时，有“少壮不努力，老大徒伤悲”“事不为不成，人不劝不善”等。

另外，《增广贤文》之所以非常流行，还有十分重要的一点，那就是书中文字有雅有俗，极少运用典故，所以《增广贤文》基本上无须讲解就可以明了，很容易读懂。如此一来，通俗易懂又见解深刻，能够让人们领略到先哲思想观念和为人处世的种种智慧，因而让人倍感亲切实用，于是一直以来也就被当作儿童的启蒙读物，甚至被视为经典，受到古人的器重和青睐。

《弟子规》的书名有什么含义

说起《弟子规》，或许很少有人会感到陌生，因为这是一部儿童启蒙书，它的流传以及影响程度仅次于《三字经》，大多数人在启蒙的时候都或多或少地学过这本书。加上在如今国学热的社会潮流下，《弟子规》更是成为儿童的推荐读物。那么，你知道《弟子规》的书名蕴藏着什么样的含义吗？

实际上，《弟子规》原名《训蒙文》，作者是清代的秀才李毓秀。他是清朝初年著名的学者和教育家，精研《大学》《中庸》等儒家经典，年轻时曾跟随他的老师党冰壑游历近二十年，后又创办敦复斋并讲学，前来听他讲学的人很多。人们都尊称他为李夫子。

他编写《训蒙文》的目的就是对孩子进行必要的启蒙训练与教育，给孩子将来的成长和发展奠定基础、指明方向。在内容上，李毓秀按照《论语·学而》中第六条“弟子入则孝，出则弟，谨而信，泛爱众而亲仁。行有余力，则以学文”的文意，加以引申拓展，把全书划分成五个方面，具体描述了“弟子”在家、外出、待人、接物以及在学习上应该恪守的准则、规范与礼仪，内容广泛，几乎涉及孩子生活和学习的各个方面。大到孝悌礼仪、为人处世，小到尊师重道、服饰仪表等，可谓是中国文化的典范，也是对孩子启蒙养正，教育孩子远奸邪、走正道，养成忠厚家风的必备读物。

具体来看，《弟子规》共有 360 句，1080 个字，以三字为一句，每两句或四句意思相连，前后押韵，读起来朗朗上口，易于记诵。开头部分是“总叙”，接着是“入则孝”“出则弟”“谨”“信”“泛爱众”“亲仁”“余力学文”几个部分。在这几个部分中，作者李毓秀集中了孔子、孟子和老子等众多圣贤道德教育的成果，从而构成了一个传统道德教育的纲领性书目。《弟子规》自从成书之后，就广为流传，被许多教书先生作为对孩子进行启蒙教育的必选教材。而所谓“弟子”，从《弟子规》划分的五个部分来看，在家指孩子，在学校指学生，出外指公民，“规”，则是指规范，合起来就是说“弟子”应该遵守和践行社会道德规范。

但是，从这本书的立意和教育目的来说，“弟子”还有另一重意思，即要通过阅读研习这本书成为圣贤弟子，而“规”是“夫”和“见”的合体，指的是“大丈夫的见识”，也就是说这本书的教育目的是通过学习圣贤经典，让儿童成为有见识、有操守、有坚持、有主张的大丈夫。看来，《弟子规》虽是儿童的启蒙读物，但是为儿童提供社会规范教育的功能使其成为一部经典。它能够奠定儿童待人接物、求学修身、安身立命的处世基础。

第三章

语言文字

汉字最初是竖着写的，从什么时候起变成了横着写

现在大多数中国人在日常书写汉字的时候，都会不假思索地从左往右书写，写完一行后向下换行继续书写。但是，从古至今，世界各地的各种文字书写顺序是各有不同的，有的从左往右，有的从右往左，有的从上到下。比如，我们在看人写对联以及读对联的时候会发现，对联的文字都是从右往左，从上到下来排列的。那些古书典籍中的书写格式也大都如此，和我们现在的书写格式完全不同。

由此，我们不禁会产生这样一个疑问，为什么汉字最初是竖着写的，到现在又变成横着写的了呢？而这一变化又是从什么时候开始的呢？下面，我们就来一起看看吧。

其实，古时候人们之所以会采用从上到下、从右到左的书写顺序和当时的书写工具和书写材料是有很大关系的。在造纸术被发明以前，人们使用的书写材料主要是竹简。竹简外形狭长，人们为了方便保存，对书写好的竹简还会用绳子或是皮条穿起来，使之能够左右卷展。竹简卷起来后，有时会被存放在布袋里，也有的被直接摆放在桌案上。由于竹简是竖向的，在书写的时候也就只能够从上向下写，而人们在把竹简穿起来后通常是左手展简右手拉简，加上对墨迹干湿的考虑，所以人们在书写时就形成了从右边开始写，逐渐地向左换行的习惯。

另外，汉字的产生和发展也是一个影响因素。尤其是表示动物的象形字，书写时应该是由头到尾，从而按照由上到下的顺序。于是，人们创造象形字时，由

上到下写就是占据优势的书写习惯。也正因如此，从甲骨文以及后来的篆、隶等字体的结构出发，形成了竖写下行的习惯。

后来，虽然发明了纸张，摆脱了竹简的限制，但是人们的这种书写文字的方式已经成为一种习惯被固定下来，所以这种书写格式被一直沿用。直到20世纪初，一些受西方先进思想影响的知识分子开始极力主张学习西方文化。而西方的书写格式大多是横写，并采用硬笔。所以，在西学的影响下，1909年，我国出现了第一部横排的书籍，此后横写的格式逐渐风行，被大众肯定和接受。不过当时还保留着从右往左的格式，竖写格式也并没有完全被取代。再后来，人们为了书写的方便，又把从右往左的书写格式变为从左往右。这样既不会遮盖前面的字，也会使字距保持均衡。

但是，出于毛笔书写以及研究古典文化的需要，竖着写以及从右往左的书写格式一直沿用至今，并未全然被抛弃。所以，汉字既可以竖着写，也可以横着写，主要看书写的需要以及个人的审美意趣等因素。

最爱造字的皇帝是谁

造字是一项浩大的工程，汉字的起源和发展就经历了一个漫长的历史时期，但是在我国历史上，有个别皇帝也爱造字。当然，皇帝造字并非从文字发展及文化传承的需要来考虑的，他们考虑更多的是借造字来显示权威和尊贵。那么，你知道我国历史上那些爱造字的皇帝都有谁吗?

一般认为，开皇帝造字先河的是我国历史上唯一的女皇帝武则天。武则天被世人所熟知，一方面是因为她是中国历史上唯一的女皇帝，另一方面就是因为她发明和改造出一些新字。根据史料记载，武则天一共造了十八个字，除了“曌”字为武则天专用必须避讳之外，其余的都可以在武周墓志中看到，这十八个字演变成现如今的简体字分别是“天、地、日、月、星、载、初、授、圣、国、臣、正、年、月、君、曌、人、生”。

具体来说，武则天造的字有的是选用古字，但大都是会意字，而且在造字的过程中，她还打破了汉字的方块结构，创造了圆体结构字。而且，武则天造的字并不是一次颁布的，她在位十五年的十三个年号中，“天授”“证圣”“圣历”三个年号都用了新造字。而从武则天新造的字中可以发现，她造字多是在原字的基础上进行改变，没有什么新鲜的内容，且根本不合文字发展规律，基本上是以繁代简，多带封建迷信色彩。其造字的主要目的其实就是夸耀自己的伟大、博学、睿智，表达她皇统万年、长治久安的心愿。比如，改“照”为“曌”，表面是包含她的法号明空，潜在的含义则是她犹如日月当空，无微弗明，无远弗届。然而这些新造字随着武则天的过世，很快被人们弃用了。

除了武则天喜欢造字之外，还有一个皇帝也是钟爱此道，这个人就是中国五代十国时南汉的开国皇帝刘䶮。他初名刘岩，为了显示自己的尊贵和权威，也效仿武则天的做法为自己造起字来。据说，他在登上帝位九年后的一天晚上，梦见“白龙见南宫”，于是赶紧算一卦，取《周易》中“飞龙在天”之意，创造发明了一个“上龙下天”的“䶮”字来作为自己的名字。如此看来，刘䶮的造字比武则天的造字更加荒诞和滑稽，完全是出于一种迷信心理，根本不是出于文字发展的需要，因而对文字的发展也没有任何的益处。

孔乙己说“回”字有四种写法，这是真的吗

《孔乙己》是现代文学巨匠鲁迅先生所著的短篇小说，也是鲁迅先生继《狂人日记》之后发表的第二篇白话小说。在这篇小说中，鲁迅先生成功塑造了孔乙己在封建腐朽思想和科举制度的毒害下，精神迂腐不堪、麻木不仁，生活四体不勤、穷困潦倒，在人们的嘲笑戏谑中混日子，最后被封建地主阶级所吞噬的悲惨形象。虽然小说的篇幅不长，但是却深刻揭露了当时的科举制度对知识分子的毒害和封建制度“吃人”的本质。而在表现孔乙己的迂腐方面，比较典型的一个片段就是孔乙己掌握“回”字的四种写法，这段描画可谓是鲁迅先生的神来之笔。那“回”字真的有四种写法吗？这是不是小说家的艺术夸张？

其实，在康熙字典中，“回”字的确有四种写法，分别是“回”“囘”“囬”“𡇈”。而且，《康熙字典》中“回”字下还注曰：“俗作囬”，也就是说，“囬”是“回”的俗字。同样，其所收录的“𡇈”也是俗字。

同时，从字形的演变中，我们也可以看出，最初甲骨文中的“回”字是在螺旋形图案上加一短横作指示符号，表示循环往复、周而复始；继而金文省去了上面的指示符号，强化了螺旋循环的形象；而籀文基本上承续金文字形，但增加了螺旋的层次。以上是古文“囘”的由来。小篆则将螺旋形改写成内外两个同心圆，也就是正字“回”。至于《康熙字典》中收录的两个俗字，也都是“回”的变体。所以，“回”字确实是有四种写法的。不过，对于小说中的孔乙己来说，穷究于“回”字的四种写法”正是其迂腐的表现。

实际上，这一切也并不都是孔乙己的错，而是时代的原因，是科举制度的毒

害和封建制度的腐朽在知识分子身上的体现。不过现在社会上又出现了这样一种现象——越来越多的人变得“务实”，在学习某种知识和技能时常常表现得急功近利，只想着让它为自己带来切实的回报。那些纯粹为了探究事物的真相而作的学问，却可能会受人鄙夷，认为是可笑的“孔乙己”行为。其实，我们在业余生活中，不妨尝试在一些“无用之用”中陶冶情操，收获学习新知的快乐。

你知道“我”字最初指的是一种兵器吗

“我”在汉语中是第一人称代词，不管是口语还是书面语都会频繁地用到。尤其是在自我介绍的时候，更是少不了“我”的存在。那么，“我”从一开始产生就是第一人称代词吗？有人说“我”最初是指一种兵器，这是真的吗？

实际上，最初的时候，“我”确实不是一个人称代词。《说文解字》中对“我”的解释是“我，古杀字”。可见，“我”字最初并非人称代词，而是一种在战场上用来拼杀的工具。而且，“我”字在多部典籍中记载战事的时候都有出现，不难想象，“我”在当时的征战中是使用率很高的一种兵器。而根据早期的甲骨文，“我”字酷似一种有许多利齿的武器，是“戎”的变形。据记载，这种名为“我”的兵器有“勾、挂、扎、挑”四种击法，可以横击，可以勾杀，还可以扫、劈。在外形上，“我”还分为长、中、短三种，据说使用起来非常顺手。

“我”这种兵器在商周到春秋战国时期，是一种尖端为三角刺、形状像戈的青铜兵器。据说，这种兵器非常锋利，在双方作战的时候，可以很轻松地刺穿对方的铠甲，是杀敌的利器。

可是，随着文字的演变和发展，“我”逐渐演变成了“手”与“戈”的合字，意思是“以手持戈”，也就是手持战戈的勇士。而当时古人一年中最重要的两件事就是祭祀和征战，有道是“国之大事，在祀与戎”。所以，古代的王室贵族常常把自己的部落和宗族称为“手持战戈的勇士”，也就是“我方的战士”。如此一来，“我”字也就有了第一人称代词的作用。这以后，“我”就逐渐褪去了“兵器”的属性，而成了专用的第一人称代词。如《诗经》中就有“昔我往矣，杨柳依依；今我来思，雨雪霏霏”的诗句。《说文解字》中“我”的释义下面也说：“我，施身自谓也。”就这样，“我”作为第一人称代词沿用至今。人们在自我介绍或是说明自己情况及意见的时候会不假思索地说出“我”字。

看来，文字的演变真是一件神奇的事情！而之所以会发生这种变化，是因为汉字的造字经历了一个由象形到会意逐渐丰富的过程，最初的时候人们造字都是力求形体上相似，而随着文字的发展，象形字逐渐简化，以至于今天的很多象形字已经看不到“象形”意义了。

“烂醉如泥”的“泥”指的是淤泥吗

酒常出现在节假日宴席以及朋友聚会的时候。饮酒过量会导致醉酒而人们在形容一个人喝酒喝得大醉的样子，常常会用到这样一个成语，就是“烂醉如泥”。人们看到这个词语，难免会望文生义地理解为一个人喝酒喝得就像是一堆烂泥或是淤泥一样。可是你有没有想过，“烂醉如泥”中的“泥”真的是指烂泥、淤泥吗？

其实，“醉如泥”在我国古代诗文中十分常见。李白《赠内》中有“三百六十日，日日醉如泥”；白居易《北楼送客归上都》中有“不独别君须强饮，穷愁自要醉如泥”。如：元稹《寄乐天》中有“安得故人生羽翼，飞来相伴醉如泥”；那么，这些诗句中“醉如泥”的“泥”到底指的是什么呢?

对此，南宋人吴曾在《能改斋漫录》中考辩道:“南海有虫，无骨，名曰泥。在水中则活，失水则醉。”后来，明代张岱在其《夜航船》卷十七《四灵部·虫豸》“泥”条下有言:“南海有虫，无骨，名曰‘泥’。在水中则活，失水则醉，如一堆泥。故诗人讥周泽曰‘一日不斋醉如泥’。”可见，这里的“泥”很可能就像《山海经》中的很多奇怪的动物一样，是一种叫作“泥”的怪虫。此外，北宋张邦基的《墨庄漫录》、南宋洪迈的《对雨编》、明代陈继儒的《群碎录》、清代的《康熙字典》以及吴景旭的《历代诗话》等都有类似记载。

从这一系列的记载中，我们可以确信，古人所说的“醉如泥”中“泥”就是一种生长在南海中的虫类，它身上无骨，在海中能够自由自在地遨游，可是一上岸就会“失水而醉”。而人们在喝醉后的样子跟“泥”这种虫子“失水而醉”的状态很像，所以人们就用“醉如泥”来形容一个人醉酒后的样子。后来，人们为了形容一个人喝醉酒的程度极深，就又在“醉如泥”一词的前面加了一个“烂”字，如此一来也就演变成了现如今我们常说的“烂醉如泥”。所以，“烂醉如泥”在形容醉酒状态的“本体”其实是一条奇特的虫子，和烂泥或是淤泥等并没有什么关系。

“大胜”和“大败”是一个意思吗

汉字总是非常奇妙，不同的汉字排列在一起往往能够表达不同的意思，可又不是绝对的。比如，我们要表达一个意思，不同的人说法多多少少都是有些不同的，甚至用完全不同的语汇。相应地，我们说同样的话在不同的语境下表达的意思也会有差别，甚至截然相反。比如，“胜”和“败”是意思完全相反的两个词，但是在一定情况下又能表达相同的意思。这到底是怎么回事呢？它们确实能够表达相同的意思吗？

事实上，我们生活中经常会有用到“大胜”和“大败”词语的场景，尤其是在谈及竞技比赛的时候。比如，“中国队大败美国队！”与“中国队大胜美国队！”，这两句话语序一样，唯一不同的是前一个句子中使用的是“大败”，后一个句子中使用的是“大胜”。“大败”的意思是指“以绝对优势打败”，“大胜”的意思是指“以绝对的优势取胜”。在这里，两个意思相反的字表达出了同样的意思。

其实，不只是“大胜”和“大败”会出现这样的情况，汉语中类似的例子还有很多。比如：“我好容易吃饱了”和“我好不容易吃饱了”；“差点摔一跤”和“差点没摔跤”；“那模样好威风”和“那模样好不威风”；“果然”和“果不其然”；等等。虽然这两两相对的句子里，用了两个看似反义词的字眼，但是最终句子所表达的意思却是一样的。汉语中的这一现象，一方面是出于人们使用语言的习惯，另一方面是语法方面的原因。

具体来说，“大胜”和“大败”的两个句子之所以表达的意思相同，不是“胜”和“败”两个词的意义变成了同义，而是“大胜”和“大败”变成了同义词。究其原因，主要是因为人们混淆了两句话中“胜”和“败”的词性，即把“中国队大败美国队！”中的“败”理解成了及物动词，在理解上，人们会主观地把“败”字前面的“大”去掉，而换成“击”字，也就成了“中国队击败美国队！”；而把“中国队大胜美国队！”中的“胜”理解为不及物动词，在理解上，人们会主观地在“胜”字后面加上介词“于”，或是把“胜”字前面的“大”去掉，而换成“战”字，也就成了“中国队胜于美国队！”和“中国队战胜美国队！”，这样一来，两个句子的意思也就一致了。

再者说，两个句子所表达的意思之所以相同，还因为“中国队大胜美国队！”中的“胜”使用的是它的本义，而“中国队大败美国队！”中的“败”使用的却是它的使动用法，也就是“使……败”，所以两个句子表达的是同一个意思。另外，我们在看待汉语语义的时候，还需要特别注意一点，那就是理解句子的意思一定要结合语境。由此可见，汉语的世界可真是奇妙无比啊！

你能够正确地念出“万俟”的读音吗

汉字是历史最悠久、生命力最强的文字之一，在中华民族文化发展和传承的过程中扮演着至关重要的作用。同时，汉字内涵丰富、魅力无限，是中华文明的重要元素和不可或缺的重要符号。然而，汉字在字音、字形和字义方面有许多非常有趣的现象。我们平常认识的一个字换了一个词语语境可能就会被我们认错，同一个字在不同词语组合中的字音也不一定相同。比如，你知道“万俟”这个词语的正确读音和意思吗？

其实，汉字在发展的过程中逐渐形成为一种使用意符、音符和记号的文字体系。简单来说，汉字的发展在很大程度上是受字形、字音和字义三个方面的影响的，形、音、义之间是相互关联的整体。虽然说从古至今，汉字的形体、读音和意义都发生了一系列较大的变化，但是汉字的基本性质始终没变，现代汉字仍然是形、音、义的统一体，形、音、义之间仍然或多或少地存在某种关联。

不过，汉字的形、音、义之间的关系并非我们想象的那样简单，而是非常错综复杂的。随着汉字的演变和发展，汉字的数量由少变多，一音多形多义、一形多音多义的现象也越来越多。一般来说，一音多形多义我们称之为同音字，而一形多音多义我们则称之为同形字和多音字。我们这里所说的“万”“俟”事实上就是两个多音多义字的组合。虽说这两个字看着十分简单，分开来说大多数人都能够认得也能够清楚地读出它们的读音，可是，组合在一起能够正确念出它们的读音的人就不多了。

实际上，“万俟”中的“万”与“万千”的“万”（wàn）既不是一个读音也不代表同样的的意思，“万俟”中的“俟”与“俟机进攻”中的“俟”（sì）相较也是如此，读音和意义都不相同。那“万俟”的正确读音到底是什么呢？

对此，我们在宋代的《百家姓》中能够找到答案。“万俟”是排序为第四百零九位的复姓姓氏。此姓氏据说原是鲜卑族的部落名称，东晋的时候，万俟部落随着拓跋氏进入中原，后来就以部落名称作为姓氏，万俟部落的人便称作万俟氏。可见，“万俟”和我们平时常用的“万”（wàn）和“俟”（sì）的意义都是不同的。而就读音来说也是如此，“万俟”的正确读音是“Mòqí”。所以，“万”“俟”是两个多音多义字，组合在一起是一个复姓。

可见，汉字绝不是我们眼睛看到的那么简单，虽说汉字基本上是意音文字，属于表意文字系统，通过看文字的字形就能大致解读出它所表示的意义；但是汉字形、音、义之间的关系又是十分复杂的，我们不能把一个标准套用在所有的汉字上面，否则就会出差错，就可能闹出笑话来。

第四章

诗词歌赋

我国历史上留诗最多的诗人是谁

中国是诗的国度，灿若繁星的诗人创作了浩如烟海的诗歌作品。其中有不少的经典诗作流传千古，广为传诵，有不少的诗人被人们铭记。而在众多的诗人中，有的诗人留诗比较多，有的则比较少。那么，你知道我国历史上留诗最多的诗人是谁吗?

根据各类教科书以及文史资料的记载，中国历史上留诗最多的且可以被尊为诗人的是南宋的大诗人陆游。陆游是南宋著名的爱国诗人。他生于北宋灭亡之际，少年时即受到家庭爱国思想的熏陶，因此其诗歌最突出的特点就是“多豪丽语，言征伐恢复事”。同时，陆游自幼便聪慧过人，师从名家，12 岁的时候就能够为诗作文，此后一生笔耕不辍，诗词文都取得了很高的成就。而就数量来说，陆游终年 85 岁，一生中共写了近万首诗。

纵观陆游的诗作，不仅数量庞大，内容也极其丰富，几乎涵盖了当时社会生活的各个方面，其中最重要的是爱国主题的诗作——诗人抒发政治抱负，反映人民疾苦，批判当时统治集团的屈辱投降，风格雄浑豪放，表现出渴望恢复国家统一的强烈愿望。正如《唐宋诗醇》卷四十二所言：“其感激悲愤、忠君爱国之诚，一寓于诗。酒酣耳热，跌宕淋漓。至于渔舟樵径，茶碗炉熏，或雨或晴，一草一木，莫不著为歌咏，以寄其意。”

所以，陆游诗作数量虽然庞大，但并不是为了作诗而作诗，并不是“为赋新词强说愁”，而是有感而发、触景抒怀，皆为传世佳作，备受推崇，广为流传，如《关山月》《书愤》《农家叹》《示儿》等篇均堪称经典。而其吟咏日常生活的诗作，也多清新之作，可圈可点。

说到这里，或许有人说中国历史上写诗数量第一人并非陆游而是清朝的乾隆皇帝。乾隆皇帝也确实高产，据《四库全书简明目录》记载，乾隆皇帝有诗作39340首，据郑鹤声的《中国文献学概要》记载，乾隆“御制诗至十余万首，所作之多，为陆放翁（即陆游）所不及”。乾隆皇帝可谓中国古代诗作最多的人。但是，在乾隆高产的背后却有一套鲜为人知的秘诀，据《清朝野史大观》记载，乾隆作诗“初无定稿”，或即兴口授，或朱笔作草，称为“诗片”，由廷臣学士退下“抄录”后恭进，遂成御诗。简单来说，就是他在诗兴大发之际，故作含糊难辨之音，写杂乱费解之字，令人揣摩代笔。当时，能否为他“录”出佳作，竟成了大臣得宠升迁的一项标准。如此“创作”的诗作充其量不过韵平字正而已。也正因如此，乾隆虽有几万首“御诗”，流传至今能为人传诵者却寥寥无几。

此外，值得一提的是，我国文学史上诗作存留最多的诗人是陆游，但他不是写诗最多的诗人。据说，写诗最多的诗人是南宋诗人杨万里，他一生写诗两万多首，留存下来的诗作有4200余首，诗文全集133卷。其作品收在《诚斋集》里，多为吟咏自然风光的写景抒情之作或是应酬之作。

其实，古诗是我国传统文化的精粹，别有一番精神天地。而人生的历程，和写诗与读诗的道理是一样的，享受的不是最后的结果，而是过程中的体察、玩味和感受。所以，写诗最重要的不在于诗作数量的多寡，而是它能否为我们开辟出一块广阔的精神世界。

“总把新桃换旧符”中的“新桃”最初指的是什么

每当辞旧迎新之时，家家户户都会在家门上张贴喜庆的春联以恭迎新年，而每对春联上都写着祝福喜庆的话语，让人看着都乐滋滋、甜蜜蜜的。每当这个时候，都是一年当中最高兴的时刻。而描写这一幕的最恰当的诗句莫过于“千门万户曈曈日，总把新桃换旧符”。那么，这里的“新桃”指的是什么呢?

实际上，今天的春联源于古人在新年时在门上悬挂桃符的习俗。古时候，人们为了喜迎新春、辟邪，也为了来年讨个吉利，常常会制作桃符悬挂在门上。每到春节的时候，人们就会取下旧桃符，换上新桃符，就像今天的我们要把去年的旧春联揭下，贴上新春联。只不过，当时的桃符和春联在形式上有很大不同。根据记载，“桃符”其实是一种绘有神像、挂在门上辟邪的桃木板。在桃木板上，人们会分别写上“神荼”“郁垒”二神的名字，或是画上二神的图像，悬挂、嵌缀或者张贴在门首，以便祈福避祸。而之所以用桃木，是因为据说桃木有压邪驱鬼的作用。

不过随着时间的推移，人们为了简便，常常把春联直接贴在现有的桃符上，用来代替神荼和郁垒的名字及画像，而内容上则会写一些吉利喜庆的话，预祝来年能够收获美好的生活。再到后来，人们则直接用笔墨在纸张上写下喜庆吉祥的对联，然后张贴在门户上。到这个时候，“题桃符”变成了“贴春联”，春联基本上和最初的桃符没有多大关联了，只是都表达着人们对美好生活的憧憬。

“床前明月光”的“床”真的是指床吗

我国是个诗词大国，尤其是唐宋时期，流光溢彩的诗词发展成为历史长河中耀眼的明星。时至今日，我们多多少少都能吟出些经典的诗句。可是由于现代生活远离古代社会，当时的很多字词的意义已经发生了变化，使今人在阅读理解时容易产生偏差。

其中，比较典型的就是我们耳熟能详的李白的《静夜思》：“床前明月光，疑是地上霜。举头望明月，低头思故乡。”这是一首触景伤怀的思乡诗，身在异乡的游子夜晚坐在床边时，看到窗前皎洁的月光，情不自禁地思念起家乡来。但是，有一个问题却很容易被忽略，那就是诗句中的“床”是否就是现如今我们睡觉使用的床呢？还是说，它另有所指？

实际上，对于《静夜思》中的“床”，有人认为指的是胡床。所谓“胡床”，又被称为“交床”“交椅”“绳床”等，是指蒙古族挂在马背上的小板凳，下马的时候可以坐在上面休息一下，和现在我们常见到的“马扎”有些类似。这一点，我们可以在杜甫的《树间》一诗中得到印证。《树间》写道：“岑寂双甘树，婆娑一院香。交柯低几杖，垂实碍衣裳。满岁如松碧，同时待菊黄。几回沾叶露，乘月坐胡床。”可见，“胡床”就是一种坐具。而且李白与杜甫基本处于一个时期，所以可以推断，杜甫和李白一样，在庭院的月光里，坐着“胡床”赏月。

而据记载，“胡床”早在东汉末年就已经传入中原，《后汉书·五行志》中曾言：“灵帝好胡服、胡帐、胡床……京都贵戚皆竞为之。”可见，在东汉灵帝时期，“胡床”在宫廷中已经非常普遍了。而且，后来人们在唐淮安靖王李寿的棺椁中，发现了至少有三位手持“胡床”的侍女，不仅如此，在不少唐代墓室的壁画中也有“胡床”的出现，可以看出，在唐代“胡床”的使用已经非常普遍。

另外，根据专家学者的研究，唐代建筑的门大都是非常小的板门，不透光，窗户也非常小，月光是很难照进室内的，尤其是当窗户糊上纸以后就更难了。因而可以推测，当时李白很可能是坐在院子里而不是在室内。另外，如今通行的《静夜思》是明代版本，而根据忠实性更高的宋代版本，该诗的最后两句是“抬头望山月，低头思故乡”。这样看来，“望山月”所需要的宽阔视野更加印证了当时是在室外赏月而非室内。由此更加可以相信，诗中“床前明月光”中的“床”指的就是“胡床”。

“青青子衿，悠悠我心”中“衿”指的是什么

曹操是东汉末年著名的政治家、军事家、文学家和诗人，他以武力南征北战，最终统一中国北方，成为曹魏政权的缔造者。由此，我们对于他的印象大多是机智谋略、勇武过人，可是在成就霸业的过程中，曹操还十分爱惜人才，主张“唯才是举”。他在《短歌行》中就写道：“青青子衿，悠悠我心。但为君故，沉吟至今。呦呦鹿鸣，食野之苹。我有嘉宾，鼓瑟吹笙。”那么，你在吟咏他这段诗句的时候，除了知道这是求贤若渴之意，有没有想过诗句里的“衿”具体指的是什么呢？

实际上，“青青子衿，悠悠我心”这两句最早是出自《诗经·郑风》。这首诗写了一个女子在城楼上等候她的心上人，可是等了好长时间也没有等来，以至于焦急徘徊，望眼欲穿。而在这首诗的开头就写道：“青青子衿，悠悠我心。纵我不往，子宁不嗣音？”这两句的意思就是说：你身着青色衣襟的身影时常萦绕在我心中。纵使我没有与你相会，你难道就这样一点消息也没有？显然，这里描绘的是恋人之间热烈的相思之情。由此，“青青子衿”就是指身着青色衣襟的恋人。

而曹操在《短歌行》中借用此诗句，则是表达一种求贤若渴的意思。《短歌行》中这两句的意思是说：那些智士贤人哟，我对你们怀有长久的思慕之心。就是因为我渴慕贤才，焦虑沉吟直到如今。根据《诗经·郑风》以及《短歌行》中这两句的解释，我们可以发现，《短歌行》中的“青青子衿”已经不再是身着青色衣衿的恋人，而是穿着青色衣服的饱学之士。可不管是什么人，毋庸置疑的一点就是，“青衿”的原意是指衣服。问题是，“衿”具体是指衣服的哪个部位呢？

原来，“青衿”是周代学子的服装，古代指读书人。其中，“衿”又作“襟”，也就是衣领。古时候，人们穿的衣服不像现如今我们这样有各种各样的衣领，古代男子上衣是一种相交的衣领，称之为“交领”。这是古代汉族服饰的标志性特征之一，而且在穿这种交领的时候，一般是左前衣襟掩向右腋系带，将右边衣襟掩覆于内，称为右衽。所以，古时候汉服的显著特点就是“交领右衽”，这也是汉服系服装最基本、最核心的特征。“交领左衽”则是指丧者之服或是沦为异族统治。后来，“青衿”又指中了进士的举人，也就是有学问的人。

由此，我们可以看到古今服饰习惯的变迁，也能够从中感受到文化对服饰的影响。所以，文化对一个人甚至一个时代的影响是方方面面的。

“咬定青山不放松”说的是哪种植物

植物在我们的生活中是不可缺少的点缀，某些植物的品格甚至能够让我们受到鼓舞，给予我们力量，当然这是一种移情作用。通过这种移情，不少植物成为诗人、词人笔下的宠儿，也使得我们在见到这种植物的时候，常常不由自主地被它的这种精神所折服。比如：“咬定青山不放松，立根原在破岩中。千磨万击还坚劲，任尔东西南北风。”细细品来，这种坚韧挺拔、百折不挠的精神不由得让人振奋。

那么，你在吟诵这几句诗的时候，有没有注意过一个问题，那就是这里的“咬定青山不放松”说的到底是哪种植物？是松树还是竹子？为了解决这个疑问，我们不妨走进这首诗作，来详细了解一下诗作中到底歌咏的是什么植物吧。

原来，这首诗作名《竹石》，是清代著名画家、诗人郑板桥的作品。这首诗作是一首寓意深刻的题画诗。诗的前两句“咬定青山不放松，立根原在破岩中”，说的是竹子牢牢地抓住土石，把根深深地扎在岩石的裂缝中，基础非常牢固。后两句“千磨万击还坚劲，任尔东西南北风”，说的是任凭风从哪个方向吹来，不管经受怎样的磨难和打击，竹子依然坚韧挺拔，不屈服、不低头。总的来说，诗作的前两句是对竹子严酷的生存环境的描绘，描述了竹子的生长状态。而后两句则是诗作主旨的传达，颂扬了竹子在这种生存环境下表现出来的坚定顽强的精神，并以此来隐喻诗人自己的风骨。所以，最后两句是名句，常常被人引用，备受人们的喜爱。

人生多苦，总是经历磨难和考验、诱惑和锤打，这时候激励我们保持本色的正是这种竹子无所畏惧、坚定顽强的精神。也正因如此，这首简短的托物言志诗才得以广为传诵，甚至被一些人用来作为激励自己的座右铭。

另外，这首诗作的作者郑板桥是“扬州八怪”之一，以诗、书、画著称，世称“三绝”，其中最为人称道的就是画竹子。而竹子的品格也是郑板桥人生的写照：既正直不屈、无畏无惧、铁骨铮铮，又慷慨潇洒、积极乐观。

“衣带渐宽终不悔”中的“衣带渐宽”暗指什么

相恋总是甜蜜的，也常是苦涩的，尤其是在婚恋不能自主、无法把握自己命运和情爱的时代，有情人要想朝朝暮暮地厮守一生简直就是奢望。也由此，催生了不少离愁别绪、缠绵悱恻的怀人之作。其中柳永的这句“衣带渐宽终不悔，为伊消得人憔悴”借景抒情，黯然销魂，传诵千古，堪称绝唱。可是，我们在品读这句词的时候，有没有仔细地考虑过“衣带渐宽”到底蕴藏着什么深意？它又暗指什么？

要弄清楚这个问题，我们就要对柳永的创作以及他的这首《蝶恋花·伫倚危楼风细细》有细致深刻的了解。柳永是宋代著名的婉约派词人，他把婉约派的婉约风格推向了鼎盛。内容上，他大胆地描写市井百姓的生活；语言上，他创造性地大量使用民间俚语，使词通俗化、口语化。如此，柳永的词风格浪漫多情、委婉凄美，且通俗易懂、朗朗上口，在当时广为流传。而他在这首《蝶恋花·伫倚危楼风细细》中写道："伫倚危楼风细细，望极春愁，黯黯生天际。草色烟光残照里，无言谁会凭阑意。　拟把疏狂图一醉，对酒当歌，强乐还无味。衣带渐宽终不悔，为伊消得人憔悴。"

在这篇词作中，柳永将漂泊异乡的落魄感受和怀念意中人的缠绵情思结合在一起，并采用"曲径通幽"的表现方式，写景抒情。尤其是最后一句"衣带渐宽终不悔，为伊消得人憔悴"，把相思之苦描写得生动形象，意思是说"我日渐消瘦下去却始终不感到懊悔，宁愿为她消瘦得精神萎靡神色憔悴"。

由此可见，柳永这首词作中的"衣带渐宽"实际上指的就是相思之人日渐消瘦。为了证明这一点，我们不妨再看一下这两句的出处。据记载，这两句其实化用了两汉时《古诗十九首》的首篇《行行重行行》。其诗写道："行行重行行，与君生别离。相去万余里，各在天一涯。道路阻且长，会面安可知？胡马依北风，越鸟巢南枝。相去日已远，衣带日已缓。浮云蔽白日，游子不顾反。思君令人老，岁月忽已晚。弃捐勿复道，努力加餐饭。"

这是一首反映妇女苦思良人的诗，读之令人悲从中来，不禁为女主人公真挚痛苦的爱情呼唤所感动。而其中最有力的呼唤莫过于"相去日已远，衣带日已缓"，说是"自别后，我日渐消瘦，衣带宽松，游子啊，你还不归来啊！"。正是这种心灵上无声的呼唤，即使经历了千百年，依然赢得了人们的旷世同情和深深惋叹。而柳永的"衣带渐宽终不悔，为伊消得人憔悴"中的"衣带渐宽"是对这句诗的巧妙化用。

从这首《行行重行行》中，我们也可以看出，"衣带已缓"是用一种含蓄委婉的方式来说明自己因相思而日渐消瘦憔悴的身体，暗指自己目前的状况很糟糕，希望心上人能够尽早回来。而相比《行行重行行》的含蓄委婉，柳永的表达则更显直白、浓烈，把相思之苦、日渐消瘦憔悴的身形形容得更加生动——由“衣带已缓”变成了“衣带渐宽”，说明彼此分离的时间越来越长，衣服越发宽大，人也越发消瘦憔悴，并紧接着道出了缘由，即“为伊消得人憔悴”。

第五章

书法绘画

什么叫“力透纸背”

在对书法作品品评鉴赏时，我们常常会用到一个词叫“力透纸背”。有些人在练习书法的过程中，也力求自己书写的文字能够“力透纸背”。那么，什么叫“力透纸背”？我们要如何做才能够“力透纸背”呢？

实际上，“力透纸背”在书法领域是指用毛笔写出来的书法作品，能够让人在宣纸的背后，看到写字运笔时留下的墨线。换句话说，用笔写出来的字远观不是平整的，而是有一定的篆刻效果，写的字像是用刀子在石头上面篆刻一样。同时，人们也用“力透纸背”来形容书法遒劲有力，笔锋简直要透到纸张的背面。而“力透纸背”见于颜真卿《述张长史笔法十二意》：“当其用笔，常欲使其透过纸背”。由此，人们就常常用“力透纸背”来形容书法笔力的刚劲。

当然，书法写作所使用的力，不同于我们平时搬移物体所用的力。相对于搬运物体的拙力，书法写作的力关键在于如何用笔。用笔的方法和熟练程度将直接决定书法作品能否达到“力透纸背”的效果。无数的书法实践证明，“力透纸背”的关键在于中锋用笔。其实历代书法家都十分注重中锋用笔。所谓中锋用笔，就是说在笔锋移动的时候，要保持毛笔的主毫在笔画运行的中心，副毫则在笔画的两边。如此一来，笔端所含的墨汁就会从笔画的中心向外渗开，笔画的中心也就落在了中间，就像是用笔的锋尖在纸上轧出了一道沟，笔画的两侧就会显得比较浅，犹如形成了一个“V”字形。这样，写出来的字就会浑厚圆润，非常有立体感。

同时，中锋用笔的时候由于书写力度、速度的不同，大致可分为两类。一类笔画边线光洁平整，如刀切的一样；另一类笔画边缘毛涩不平，如万年古藤。前者的特点是，书写速度快，用力均匀，书法有种刚健挺拔的气势；后者的特点是，速度略慢，比较用力，手指略有震颤，书法有种老成的美。

要表达出书法作品的力量感和立体感，还在于用笔要涩。也就是说，在书写的时候，笔画要能够冲破纸张的阻力，挣脱前进，而不是随意地从纸张上一画而过。因此，书写者就需要对毛笔有一种支配力，且这种支配力越强，笔画写出来就会显得越有力量。对此，清代刘熙载有言：“用笔者皆习闻涩笔之说，然每不知如何得涩，惟笔方欲行，如有物以拒之，竭力而与之争，斯不期涩而自涩矣。”包世臣则说：“五指齐力，故能涩。”如此涩行用笔，写出的笔画自然沉着、凝重，有力量感，达到“力透纸背”的效果。

另外，要“力透纸背”不一定要把笔画写得很粗，事实上，在褚遂良的《雁塔圣教序》中，我们可以看到，很多细小的笔画，虽细若游丝，可却力有千钧。颜真卿的《颜氏家庙碑》中，我们也能看到，其笔画凝重，笔笔犹如铁钩银画。所以，“力透纸背”讲究的并不是把笔画写粗，而是讲究中锋运笔和涩行用笔，熟练地掌握驾驭毛笔的能力。只有这样，经过一番苦练，才能让我们的书法作品达到“力透纸背”的效果。

“魏碑”指的是什么

说起碑刻书法作品，我们就不得不提到魏碑。魏碑在中国书法史上占据着十分重要的位置，具有鲜明的艺术风格。可以说，魏碑在中国书法史上是一座雄伟的丰碑。那么，“魏碑”指的到底是什么呢？它又有什么特点和独特之处呢？下面，我们就一起走近它，了解它到底有什么奥秘。

事实上，魏碑是南北朝时期北朝文字碑刻书法作品的通称。而因为魏碑以北魏最精，最早也称魏碑为北碑。而在北朝相继的各个王朝中北魏的立国时间最长，所以又用“魏碑”这一称谓涵盖包括东魏、北齐、西魏和北周在内的整个北朝的碑刻书法作品。在表现形式上，魏碑主要可分为“石碑”“墓志铭”“摩崖刻石”“造像题记”等。但现存的魏碑书体都是楷书，因而有时也把这些楷书碑刻所体现的书法形式称为“魏楷”。

作为楷书的一种，魏楷与晋朝的楷书以及唐朝的楷书一起并称为三大楷书字体。就起源来说，南北朝时期社会动荡不安，而在这种时代背景下，佛、道之学趁机兴盛了起来。佛、道在宣传方法上的一个十分重要的部分就是写经。尤其是佛学，凡是新建寺塔、塑造佛像，必定会延请名士来撰写文章以纪事，或是凿石以作碑碣，或是在天然的岩壁上摩崖刻写。就这样，一时间建寺造塔、立碑刻石成为风尚。特别是纷乱的战事，使得人们对佛、道的寄托心理更加强烈，由此刻石碑文数不胜数，魏碑也就应运而生。

随着魏碑的发展，它呈现出由隶书向典型的楷书过渡的特点。虽说魏晋时期已经有了较为成熟的楷书，如钟繇的《宣示表》、王羲之的《黄庭经》等，但是大批西晋的知识分子随晋室南渡之后，北朝的碑刻作品大都是由无名氏书法家创作的，而且也没有继承成熟楷书的多少成果，更多的是直接从汉魏时期的隶书演变而来。因此，魏碑相比南书来说较为雄健，与唐楷注重法度相比，魏碑则用笔任意挥洒，结体因势赋形，不受拘束。

因而，总的来说，魏碑上承汉隶传统，下启唐楷新风，为现代汉字的结体、笔法奠定了坚实的基础。清朝康有为在《广艺舟双楫》中则赞誉魏碑有“十美”：“古今之中，唯南碑与魏碑为可宗。可宗为何？曰有十美：一曰魄力雄强，二曰气象浑穆，三曰笔法跳越，四曰点画峻厚，五曰意态奇逸，六曰精神飞动，七曰兴趣酣足，八曰骨法洞达，九曰结构天成，十曰血肉丰美，是十美者，唯魏碑、南碑有之。”不过，在现存的魏碑中，有许多是摩崖刻石，它并不是先行书丹上石，而是直接在石面上雕凿的，这些魏碑在临写时要注意避免刀痕夸张，否则就会显得生硬。

书法里的“雅正”是什么意思

人们在欣赏一些题赠性质的诗文书画作品的时候，常常会发现作者在作品的署名处写上一句“……雅正”或是“……正”，而我们写了一篇文章，请比自己高明的人帮助改正的时候，也大都会说上一句“请您雅正”。那么，你知道“雅正”到底是什么意思吗？这个词又是怎么来的呢？

其实，“雅正”是一个敬词，在《现代汉语词典》中它的一个解释便是“把自己的诗文书画等送给人时请对方指教”。这个词只能用于别人，是本人对别人说的话，意思就是请别人帮忙改正或是予以指教。当然，这是一个敬词，并不是说自己的诗文书画确实存在什么问题。一般来说，这一词语常在赠予诗文书画功力较强的人时使用。

从出处上说，“雅正”一词来自《诗经》。众所周知，《诗经》是我国的第一部诗歌总集，收集了西周初年至春秋中叶的诗歌。《诗经》的分为风、雅、颂三个部分。其中，“风”是地方色彩的诗歌，包括十五国风，也就是十五个地方的民歌；“颂”是用于宗庙祭祀的诗歌，主要有《周颂》《鲁颂》《商颂》等。

“雅”则是“正”的意思，在周朝，“雅”所配合的音乐，是来自周王朝直接统治的地区，所以“雅”又称为“正声”，而“正声”也被周朝人叫作雅乐。由此，“雅”也就成了正声雅乐，是在贵族享宴或是诸侯朝会时使用的音乐，基本上是宫廷乐歌，主要分为“大雅”和“小雅”两大类。其中，“大雅”多为贵族所作，“小雅”则多为个人抒怀。也正是因为这样,《诗经》中的“雅”有着浓郁的正统、纯正和规范意味，带着一种备受尊崇的意思。这就像是清代的时候，人们把昆曲定义为“雅部正声”，把它提到令人尊崇的位置，且特别强调昆曲的纯正、高雅，而与杂乱粗俗的花部（野调俗腔的地方戏）区别开来。

后来，人们就从《诗经》中取“雅”的“正统、纯正”的意味，运用到诗文书画作品的赠予中，希望对方在收到自己的诗文书画作品的时候，能够指出自己的疏漏欠缺之处，从而让自己有所提升。这是一种委婉谦逊的说法，能够让对方感受到自己的敬意。正因如此,“雅正”成为一个敬词，含蓄地表达“请某人指教”的意思，也表达了古代文人雅士一种谦虚的精神境界。就这样，“雅正”一词一直沿用至今。

“九宫格”的创始人是哪位书法家

九宫格，也称“数独”，是一款逻辑性很强的数字拼图益智游戏，不仅具有很强的趣味性，而且对大脑也非常有好处。经常玩九宫格，既可以锻炼大脑，还能够提高逻辑思维能力。不过，“九宫格”除是一种数独游戏外，还是我国书法史上临帖写仿的一种界格，又称为“九方格”。那么，你知道“九宫格”的创始人是哪位书法家吗?

其实，“九宫格”，即在纸上画出若干个大方框，再在每个方框内分出来九个小方格，以便对照法帖范字的笔画部位进行练字。最初唐代大书法家欧阳询奉敕书写了碑文《九成宫醴泉铭》，记述了唐太宗在九成宫避暑时发现醴泉的事情。从碑文所呈现的艺术特点来看，其笔法瘦硬温润，且严谨完备，兼有隶意，是他晚年的得意之作，历来被学者赞誉为“正书第一”，仿习临摹者甚多。如今，该碑文的宋代碑帖被收藏于北京故宫博物院。而当时，欧阳询为了方便习字者练习临摹，特意根据汉字字形的结构特点，创制了“九宫格”的界格形式。

具体来说，在九宫格中，中间的一小格被称为“中宫”，上面的三格被称为“上三宫”，下面的三格则被称为“下三宫”，另外“中宫”的左边一格称为“左宫”，“中宫”右边的一格称为“右宫”。如此一来，在练字的时候，习字者就能够对照着碑帖中的字形和点画结构来适当安排笔画的布局。还有，九宫格也能够用于字体的缩小和放大，对应的操作步骤也是根据碑帖适当地安排布局结构。

到了元代，九宫格的结构在书法家陈铎的手中得到了进一步的发展。他在《翰林要诀》中曾明确表示：为了适应临字时点画疏密、各有停分、界画匀布的要求，改横竖三宫为横竖九宫，成九九八十一宫，这样更便于精确临摹。后来，清代书法家蒋骥在其所著《续书法论》中，又根据汉字字体结构特点和形体的不同，把九宫格变成了四种形式：一是把陈铎的九九八十一宫的横竖各去掉三宫，使其变成六六三十六宫；二是把六六三十六宫中的左、右十二宫，或是把上、下两行的十二宫去掉，使其成为二十四宫。这一变化相应地比较适合学些长方体字和扁平体字；三是把六六三十六宫改成双回字形，适合书写方体字；四是把六六三十六宫变成田字形，并在上二宫从同一顶点各画一条对角线，形成一个人字，用于书写似人字形的字。

但是如此改变，还不是最简便的。通过长期的实践，后人又发展成两种更加简便且实用的习字格，即田字格和米字格。其中，田字格是指在方框中画上一个“十”字，使其分作四格，习字者在这四格中适当地安排字体的布局结构。如此，便于安排字的间架结构、重心和笔画的斜正疏密。相应地，米字格则是在田字格的基础上，再画上两条对角线，就像汉字中的“米”字，故而得名。使用米字格能够更好地判断全字以及各单笔的位置，因而相比于九宫格，田字格和米字格使用范围更广。

所以，九宫格经过欧阳询的创制之后，不断发展演变，产生的不同形式各有利弊和适用范围。它们不仅适合习字者练习毛笔字，也适合练习硬笔书法。对于初学者来说，当我们熟练掌握了字的笔画、结构布局等，就可以脱离九宫格、米字格以及田字格的限制，自由地挥墨书写了。

我国历史上有两位最著名的女书法家，她们是谁

中国书法种类繁多，历史悠久、传承有序，是中华文化的重要标志之一。中国古代的书法史上先后涌现了一批批的书法艺术家，如王羲之、欧阳询、颜真卿、柳公权等大家。不过，在古代众多的书法家中，有两位最著名的女书法家，你知道她们是谁吗？

实际上，书法艺术经历朝历代的传承和发展，已经成为中华民族的文化符号，代表着博大精深的中国文化和独具特色的民族艺术，由此有越来越多的书法爱好者投入书法研习中去。不过一般来说，历史上为人熟知的书法家大都是男性，人们临摹的法帖也大都是颜真卿、柳公权等男性书法家的作品。殊不知，在书法艺术史上曾出现过两位著名的女性书法家，她们分别是东汉末年多才多艺的蔡文姬和东晋的卫夫人。

蔡文姬，名琰，字文姬，东汉文学家蔡邕的女儿，是我国历史上著名的才女，擅长文学、琴艺和书法，是东汉末年至三国时期不可多得的著名诗人和书法家。首先，她具有深厚的家学渊源，她出身于诗书世家，父亲蔡邕是东汉著名的文学

家、书法家，而蔡文姬自幼便受到父亲潜移默化的熏陶和影响，进行诗词、乐器和书法的学习；其次，蔡文姬天资聪慧，才华横溢，以至于无论是诗词、乐器还是书法都取得了十分突出的成就。就书法方面而言，她的书法稳重端庄，娟秀飘逸，深得父亲的真传。对此，唐代杰出的文学家韩愈曾言道："中郎（蔡邕）有女能传业。"

三国时期曹魏著名书法家、政治家钟繇便是蔡文姬的真传弟子，而钟繇则是书法艺术的早期集大成者。而且，在蔡文姬的再传弟子中还出现了不少书法大家。可见，蔡文姬的书法造诣是非常高的。另外，不管是真书还是草书，她都非常精通。据说，蔡文姬曾在曹操的要求下默写古籍，称自己"真书、草书皆通"。在真书和草书的书法运用上，蔡文姬可谓出神入化，浑然天成，在我国璀璨的书法文化史上占有重要的地位，对后世影响重大而深远，可惜她留世的书法作品很少，只有宋代的《淳化阁帖》收录了她的一些作品。

另外一位著名的女性书法家是卫夫人，姓卫，名铄，故人称卫夫人。资料显示，卫夫人所处的魏晋时期的河东卫氏是一个著名的书法世家，她的从祖、从伯、从兄都是著名的书法家、书法理论家。卫夫人从小受家族影响，加之她所嫁的江夏李氏也是一个书法世家，由此她逐渐成长为一个冠绝一时的书法高手，并对东晋以后李氏书法的发展产生了深远影响，使李家在唐代出现了李邕这样的书法大家。而且，卫夫人是三国时期曹魏著名书法家钟繇的弟子，技艺达到了登堂入室的程度，而王羲之又是卫夫人的弟子，故对王羲之有重大影响。可以说，在一定程度上，没有卫夫人的书法成就，就没有后来的书圣王羲之。

卫夫人的代表作是《古名姬帖》小楷，其笔法古朴肃穆，体态自然，堪称楷书中的上品。还需一提的是，卫夫人不但在书法实践中有突出成就，不让须眉，而且在书法艺术理论方面也有重大建树。她编撰的《笔阵图》一卷，在全面参考有关书法理论的基础上，提出了自己在用笔、执笔、选材等方面一系列的主张。实际上，这些都是卫夫人毕生从事书法艺术实践所得，代表了她对书法艺术理论总的认识，为后代书法家指出了努力的方向和途径，也成为中国书法理论中的重要内容和评判标准，对之后历代书法理论和实践都产生了巨大影响。

其实，在唐、宋、元、明，也出现了不少女性书法家。比如，唐代女书法家有吴彩鸾、薛涛、武则天。吴彩鸾所书小楷，有钟繇、王羲之的笔意。薛涛所书行书《陈思王美女篇》，笔势跌宕秀逸。武则天书写草体，书法婉约。宋代女书法家有朱淑真，其所书小楷，端庄精劲，深得王羲之笔法。元代女书法家有管道升，她是赵孟頫的妻子，书法为元代宗师。但要说中国古代最著名的两位女性书法家，还是非蔡文姬和卫夫人莫属。

“国画十八描”指的是什么

中国画具有悠久的历史和优良的传统，凝聚着中国人的智慧与性情，因而在长期发展中催生了各种各样独有的技法。其中，勾法便是中国画最基本的技法之一，即以笔线勾取物像的外廓，在工笔画中又称为线描，并以“国画十八描”为人称道。那么，“国画十八描”到底指的是什么呢？它又有什么独特精妙之处呢？

实际上，“国画十八描”就是指中国画中衣服褶纹的 18 种描法。而这些描法是根据历代各派人物画的衣褶表现程式，按照其笔迹形状所起的名称。具体来说，这 18 种描法分别是：高古游丝描、琴弦描、铁线描、混描、曹衣出水描、钉头鼠尾描、橛头钉描、蚂蝗描、折芦描、橄榄描、枣核描、柳叶描、竹叶描、战笔水纹描、减笔描、枯柴描、蚯蚓描、行云流水描。

高古游丝描，是最古老的工笔线描之一，线条纤细而均匀，有起有收，流畅自如，多为圆转曲线，细密绵长，富有流动性，如春蚕吐丝，因而又被人称为“春蚕吐丝描”，常用来表现文人学士、贵族妇女、侍女的衣物等。

琴弦描，中锋悬腕用笔，比高古游丝描更加粗劲有韧性，犹如古代弹拨乐器的丝弦，同时线中有停停顿顿的变化，多为直线，线形平直挺拔，兼具写实写意之味。

铁线描，用中锋圆劲之笔描写，比琴弦描还粗些，起笔转折处方硬似铁丝弄弯的形态，顿笔圆头，体现了书法用笔的遒劲骨力，适合表现硬质衣料。

混描，基本上是一种写意画法，往往先用淡墨劲笔勾画出衣服的纹路轮廓，墨未干时，再用较深的墨色结合线面来破染，形成墨色层次的变化，讲求“浓破淡”。

曹衣出水描，是北朝著名画家曹仲达受印度美术风格影响而创造的。由于以直挺用笔为主，其线条细密工致，衣服紧贴身像是人物刚从水中湿淋淋地走上来一样，故称“曹衣出水”。

钉头鼠尾描，落笔处如铁钉之头，线条呈钉头状，行笔收笔，一气拖长，如老鼠的尾巴，因而头秃尾尖，头重尾轻。

橛头钉描，刚劲有致，秃苍老硬，强调骨力，犹如钉在地上的细木桩，和钉头鼠尾描相比显得粗短。

蚂蝗描，又称“兰叶描”，为唐代著名人物画家吴道子所创，加入了狂草的用笔，在轻重提按中体现线条的变化，在疏密随意中显出生动，宛如飘曳的兰叶，常用来表现人物的风姿飘逸。

折芦描，线条起讫部分较为尖细，行笔至中间转折时由于压力增强多为直角，而形如折断的芦叶，另外笔速要适当，在勾勒的同时辅以淡墨进行渲染。

橄榄描，用笔起讫极轻，头尾尖细，中间沉着粗重，所画衣纹如橄榄果实，故而得名。

枣核描，用尖的大笔绘就，线条节奏更柔和、更显自由，但线的转折剧烈、线条短促，中段自然鼓起，呈枣核状，较适宜表现麻布的质感。

柳叶描，用笔两头细中间粗，状如柳叶，轻盈灵动，婀娜多姿，使得整个画面呈现出一种清新、灵动、轻盈的美感。

竹叶描，由宋时墨竹画技法演变而来，线条状如竹叶，用笔起伏顿挫明显，粗细变化大，飘逸活泼。

战笔水纹描，笔法简细流利，衣纹线条呈现出曲折颤抖之感，擅表现薄而褶多的衣纹。

减笔描，用侧锋行笔，行笔速度快，画出的线条既概括简练，又富于变化，行笔速度快时尤显其笔力强劲。

枯柴描，与减笔描在用笔上并无多大区别，只是前者渴笔较多，后者干湿并用，用笔粗，水分少，类似皴法，笔势往往逆锋横卧。

蚯蚓描，把篆书笔法融于画法之中，线条圆转有力，粗细均匀，曲折多而柔软，以外柔内刚的线条来表现人物的衣纹。

行云流水描，中锋用笔，笔法如行云流水，活泼飞动，有起有倒，使画中人物表现出圣洁出尘的风采，擅表现软而弯转的衣纹。

另外，需要指出的是，“国画十八描”不仅仅是人物画的基本画法，也被很多画家运用到了花鸟画的创作中，别有一番韵味。

为什么把中国画称为“丹青”

爱好绘画或是对绘画有点了解的朋友都知道，中国画常被人们称为“丹青”，民间的画工师傅常会被称作“丹青师傅”。《汉书·苏武传》中有言：“竹帛所载，丹青所画。”杜甫在《丹青引赠曹将军霸》中诗云：“丹青不知老将至，富贵于我如浮云。”

那么，人们为什么会把中国画称为“丹青”呢？或者说，“丹青”和中国画之间有什么不可分割的联系呢？我们就来一起了解一下吧。

原来，自从两千多年以前国画开始产生的时候，人们在很长的一段时间里都是使用毛笔蘸上黑墨，然后用细细的黑色线条来勾勒描绘我们想要表现的事物轮廓，最后再在轮廓线里填充上各种各样的自认为具有表现力的颜色。不管是人物画、山水画还是花鸟画，在创作的时候采用的都是这种方法。可是，在最初的时候，人们还没有五颜六色的各种颜料，当时国画的颜料种类是比较少的，只有为数不多的几种，如铅粉、雄黄、赭石、石青和朱砂等。

其中，人们绘画最常用的是蓝色的石青和红色的朱砂，它们是可用来制作颜料的两种矿物。石青在这几种常用的颜料中属于最冷的色调，朱砂在这几种常见的颜料中属于最暖的色调，冷、暖色的搭配往往能够产生最鲜明的对比，给人以深刻的印象和视觉冲击力，所以也最受绘画者的喜爱。而红色的朱砂即“丹”，蓝色的石青即“青”。因而，古人在作画的时候，最常使用的就是“丹”“青”，久而久之，丹青也就成了图画的代名词。

后来，随着国画这种艺术形式的发展和逐步细化，“丹青”成为国画的一种重要画法，变成国画两大形式中的一个分量特别重的分支：工笔重彩画。就这样，“丹青”不论是在最初的国画用色，还是在后来的国画发展中，都起到了十分重要的作用，于是就约定俗成地成为整个中国画的代称，并一直被沿用至今。如今，人们在提到国画的时候，大都会用“丹青”一词来替代。

为什么说“画鬼容易画犬难”

生活中，我们常常会听到这样一句话，就是“画鬼容易画犬难”。有些人对这句话习以为常，认为没有什么，可也有不少人心中难免会产生这样的疑惑，就是为什么在绘画的过程中，鬼神容易绘制，而犬反而成了较难绘画的内容呢？这是一种艺术化的说法，还是实际确实如此呢？

事实上，这既是一种艺术化的说法也确实是一种实际情况。人们在说这句话的时候，常常是用来说明，从实际出发、按客观规律办事是最难的，非要下一番苦功夫不可。那为什么会出现这种现象呢？人们习以为常、抬头可见的东西为什么在绘画的时候是最难掌握的呢？原来，这句话并非空穴来风，它出自《韩非子·外储说左上》："齐王问曰：'画孰最难者？'曰：'犬马最难！''孰易者？'曰：'鬼魅最易。'"

故事大致是这样的：当初有位宾客要给齐王作画，齐王问道："画什么东西是最难的？"门客回答说："画狗、画马是最难的。"齐王不解，接着问道："那画什么是最容易的呢？"门客回答说："神鬼妖魔画起来是最容易的。"这是因为，狗和马在生活中我们随处可见，每个人都知道也都熟悉，若是有哪一点画得不到位、不像就会招致人们的诟病，所以最是难画。相反，神鬼妖魔虽然人们也常挂在嘴上，但却没有谁真正见过，所有的形象都是人们主观想象出来的或是根据野史和传说描绘的，根本没有什么统一的标准和限制，可以大胆地想象而创作，不存在像不像的问题，所以最是容易画，无论怎么画都不会给人留下话柄，让人说画得不像。所以，看似最难画的其实最简单。"

确实，犬在生活中很常见，若是绘画者在对它们进行描摹的时候忽视了任何细节，都会让观赏画作的人指出毛病和问题。所以，要想把犬画得好，就必须认真观察，仔细研究，一点都马虎不得，否则就会闹笑话。也就是说，要把画画好，尤其是把一个大家都熟悉的事物画好，就需要绘画者有更多的耐心、细心和信心，要下苦功夫，花大气力。当然，这句话也不仅仅是在说明什么容易画什么难画的问题，而是由此来说明一个绘画之外的道理，那就是很多时候凭空虚构是最简单的，但是要真正地认识客观事物，并恰如其分地表现它，就不是那么容易的了。

你知道《清明上河图》中画了多少人吗

《清明上河图》是北宋画家张择端描绘的清明时节汴梁的繁荣景象，是一幅传世的经典宋代风俗画。这幅画生动记录了中国12世纪北宋都城汴梁的城市面貌和当时社会各阶层人民的生活状况，包括人物、车马、船只、房屋、桥梁等，是当时汴京繁荣景象的见证，也是北宋城市经济发展的写照。它现藏于北京故宫博物院，属于国宝级文物，具有很高的历史价值和艺术价值。那么，你知道《清明上河图》中到底画了多少人吗？

具体来看，《清明上河图》是一幅绢本设色长卷，宽有24.8厘米，长有528.7厘米。汴梁是北宋时期的政治、经济、文化中心，城中官府衙门、民居宅院、作坊店铺、茶肆酒楼，屋宇错落，林林总总。街上车水马龙，三教九流，应有尽有，百业兴隆，热闹非凡。而“上河辖区”可谓是当时汴梁城最核心的水陆交通枢纽，也是商贸、文化及娱乐的窗口，人们经常在这里进行各种各样的商贸活动，使得此处繁荣异常。而《清明上河图》描绘的就是汴梁上河辖区的景象。

总的来说，这幅五米多长的画卷大致可分为汴梁郊外春光、汴河风光、城内街市三部分。其中，第一部分是汴梁郊外春光中，农民在田里耕作，富人扫墓归来。路上，驮队、挑夫、骑马坐轿的人物正匆匆进城。第二部分是汴河的风光。画中，汴河上的拱桥如一道彩虹，桥上行人如潮，熙熙攘攘，摩肩擦踵，有的在茶馆休息，有的在看相算命，有的在饭铺进餐，而桥下船只往来，首尾相接，或纤夫牵拉，或船夫摇橹，一切都紧张而有序地展开，人们都紧张地忙碌着。而且，画作对于细节的刻画也细致入微，令人惊叹。第三部分是城内街市。这部分画面从容展开，有张有弛，对汴梁城内的建筑、商贸、交通、运输等几个方面都进行了细致的描绘，再现了北宋都城的繁荣景象。

而在这三个部分中，最令人瞩目的就是画面上熙熙攘攘的人群，他们有条不紊，包含仕、农、商、医、卜、僧、道、胥吏、妇女、儿童、篙师、纤夫等人物。而为了统计画面上的人数，我国著名工艺美术家汤友常创作了大型的铜刻画《清明上河图》。重要的是，在创作的过程中，他用原始的“数米法”详细统计了画上的人物数目，即在原画复制品的每一个人物上放一粒米，摆好后再数一数一共有多少粒米。就这样，他在作画的时候每刻一个人物就在上面放一粒米，每一次都小心翼翼的，制作完后反复数了好几遍，最终得出的答案是整幅《清明上河图》上的人物为 815 人。

看来，《清明上河图》确实是令人惊叹啊！这么多的人物浓缩于尺幅之内，且职业各异、行为各异，井然有序，不得不让我们感叹画家的艺术功力。

第六章

音律戏曲

古代的“五声”“八音”指的是什么

在谈论古代音乐的时候，我们常常会谈及“十二律”“五声”“八音”这三大构成要素。其中，“十二律”是比较好理解的。它最初就是为了“乐”而制定的，是指十二个标准音高，在《律书》中，则与月份和时辰两两相对，并且人们还按照节气的特点对十二律做了详细的解释。不过，就谈论的频率来说，人们对“五声”“八音”是说得最多的，可古代的“五声”和“八音”到底是指什么呢？人们听得多却真正知道得少，下面我们就来一起看一下吧。

其实，“五声”就是中国古代的五个音阶，也就是宫、商、角、徵、羽。这点和我们通常认识的西方音乐有点不同，西方音乐是由七个音阶组成的，用唱名来说就是“do、re、mi、fa、sol、la、si”。钢琴则把音阶划分为了十二个，这时候每个音阶之间的跨度就是均衡的。但中国传统的民族音乐，使用更多的是五声音阶，相当于现在首调唱名的“do、re、mi、sol、la”，有独特的魅力。同时，“五声”在很早以前就形成了，最早见于《周礼·春官》：“皆文之以五声，宫商角徵羽。”

再说“八音”，它并不是有些人认为的八个音，而是泛指各种乐器。在古代，“八音”则具体指代八类乐器，分别是金（钟）、石（磬）、土（埙）、革（鼓）、丝（琴、瑟）、木（柷、敔）、匏（笙）、竹（箫）。其中，“金”是用青铜制作而成的一种钟镈，也就是大钟。“石”是指石制的磬。“土”是指用陶土制成的埙。“革”是指用皮革蒙制成的鼓，近似于拨浪鼓。“丝”是指以丝为弦的琴、瑟。“木”则是用木头制作的柷、敔。柷是一种形状像方形斗的木制乐器，敔也是一种古乐器，当奏乐开始时击柷，结束时击敔使演奏停止。“匏”是指用匏制作而成的笙。而匏瓜是一种一年生的草本植物，叶子掌状分裂，茎上有卷须。匏瓜的果实要比葫芦大，对半剖开可以用来做水瓢。“竹”是指用竹管制作而成的管箫。

看来，“五声”“八音”看似简单却和我们按照字面上的理解有一定的偏差，并不是有些人自认为的那样，是五个声、八个音。

古代的乐师用什么方法记谱

说起音乐，自然少不了记谱法。所谓记谱法就是指用符号、文字、数字或是图表将音乐记录下来的方法，它所记录的图像也就是乐谱。而我们熟悉的记谱法就是简谱，主要有字母简谱和数字简谱。后来，经过德国人的改良，便成了我们熟悉的简谱，也就是数字简谱。那么，我们不禁要问，我国古代的乐师是用什么方法来记谱的呢？或者说，那些优美的古代音乐又是如何保存下来的呢？

其实，记谱法并不是一成不变的，它会因国家、民族和时代的不同而有很大的差异。根据记载，中国古代的记谱方法主要有两套系统：一套是律谱系统，另一套是文字谱系统。其中，律谱系统是按照音律音名记载有对应音高，并用辅助符号表明节拍；文字谱系统是用文字描述演奏乐器时的指法，进而用规定的演奏动作还原音乐。前者使用的是工尺谱，后者使用的是减字谱。

其中，工尺谱因用“工”“尺”等字记写唱名而得名，是用比较简单的汉字来标记音高，并用其他符号辅助标记节拍快慢的一种乐谱。它与许多重要的民族乐器的指法和宫调系统紧密联系，在中国古代的戏曲和器乐表演中应用广泛。最初可能是由管乐器的指法符号演化而成，由于它流传的时期、地区、乐种不同，因而所用音字、字体、宫音位置、唱名法等各有差异。近代常见的工尺谱，一般用上、尺、工、凡、六、五、乙依次记写七声，相当于 do、re、mi、fa、sol、la、si。

而现存最早的中国古代乐谱是唐人手抄本的《碣石调·幽兰》，相传为孔子所作，是目前保存的唯一一个在减字谱出现前用文字谱记录的古琴乐谱。这个乐谱用文字记写音阶及操琴手法，共 4954 个字。不过，用文字记谱有一个非常明显的缺点，那就是用文字表述记载演奏手法，十分复杂冗长，不易掌握。由此，古代乐师就在此基础上发明了减字谱。所谓减字谱，就是将各种演奏指法指定唯一名称后，用相应字的偏旁组合成一个符号来表示某个音的演奏方式的记谱法。减字法右手基本的指法是“四指八法”，即用右手除小指外的四根手指对琴弦做向内或向外的拨动动作，如大拇指的尸（劈）、乇（托），食指的木（抹）、乚（挑）等。到了宋朝，进一步用数字规范琴弦名称，以及在四指八法基础上衍生了其他复杂指法。

不过，我国早在春秋战国时期即开始使用五声十二律的名称来标示音阶和音调，所以古人也用阶名或律名来记谱，形成了“宫商字谱”和“律吕字谱”，类似现在的简谱。其中，“宫商字谱”就是以宫、商阶名记录音乐曲调中各音的音高的一种记谱法，如清代乾隆八年（公元 1743 年）所颁《丁祭旋宫之乐》。而“律吕字谱”是以十二律的律吕名称记录音乐曲调中各音音高的记谱法。较早的例子有朱熹在《仪礼经传通解》中记录的宋代赵彦肃传谱——《风雅十二诗谱》，音名用律吕名称首字，高八度者在律名后加“清”字。

以上两种记谱方式多用于庙堂雅乐。到了唐代，民间音乐开始繁盛，这种音律文字谱并不适合演奏，开始出现乐师、伶人使用的半字谱，以及由此发展成型的工尺谱。宋代时则出现了“俗字谱”，取工尺谱音名之上半截或下半截而成，如“合”作“厶”，“尺”作“ス”，半音用本音加圆圈，清声于本音上加“一”等。

《霓裳羽衣曲》是否真由唐明皇所创

唐代著名诗人白居易在其诗作《长恨歌》中为我们讲述了唐明皇与杨贵妃的一段凄美的爱情故事，其中写道："骊宫高处入青云，仙乐风飘处处闻。缓歌慢舞凝丝竹，尽日君王看不足。渔阳鼙鼓动地来，惊破霓裳羽衣曲。"可谓是两人唯美爱情的写照与见证。据说，杨贵妃擅长歌舞，唐明皇便作《霓裳羽衣曲》供她演绎。时至今日，《霓裳羽衣曲》仍是音乐舞蹈史上的一颗璀璨的明珠。那么，《霓裳羽衣曲》是否真的是由唐明皇所创呢？

众所周知，唐明皇李隆基多才多情，且深谙乐舞之道，与杨贵妃的爱情故事也被广为流传，可谓是家喻户晓。有道是"名花倾国两相欢，长得君王带笑看"。唐明皇对杨贵妃的宠爱可以说到了无以复加的程度，以至于"从此君王不早朝"，他极力地讨好取悦杨贵妃。不过，从《霓裳羽衣曲》的唐代残卷来看，此曲具有浓郁的西域风情，若是唐明皇独立创作而成未免让人难以置信。

原来，在唐玄宗时期，西凉节度使杨敬述向朝廷进献具有西域特色的《婆罗门》音乐作品。《婆罗门》是典型的胡曲，而后世的不少记载都显示当时西凉节度使杨敬述向朝廷进献的《婆罗门》正是《霓裳羽衣曲》的初本。对此，白居易的作品《霓裳羽衣歌》中道出了些许奥秘，其中写道："由来能事皆有主，杨氏创声君造谱。"由此可见，《霓裳羽衣曲》原本是来自西凉节度使杨敬述，但是后来经由唐明皇李隆基二次创作，对原来的乐曲进行了艺术的加工和润色。清朝举人张德瀛在其《词征》中就曾说道："曲则西凉节度使杨敬述所造，玄宗从而润色之"。

同时,《霓裳羽衣曲》的名字“霓裳羽衣”也是这位多才多艺的皇帝所赋予的。不难想象，当时唐明皇李隆基为这支乐曲花费了不少的时间和精力，而这一切一来是出于对乐舞的喜爱，二来就是源自对杨贵妃的宠爱。

也正是在唐明皇李隆基的倾力创作下,《霓裳羽衣曲》成为唐朝大曲中的法曲精品，唐歌舞的集大成之作，也每每让唐明皇引以为傲。最初的时候，此曲只在宫廷中进行表演，天宝四载（745 年），唐明皇召见杨贵妃时，命人演奏《霓裳羽衣曲》以导引。对此，诗人张祜在《华清宫四首（其二）》写道:“天阙沈沈夜未央，碧云仙曲舞霓裳。一声玉笛向空尽，月满骊山宫漏长。”后来,《霓裳羽衣曲》在天宝年间曾盛行一时，安史之乱后，宫廷就不再演出它了。而由于《霓裳羽衣曲》乐调优美，构思精妙，以后各藩镇也纷纷排演此曲，因此唐代文人对它多有歌咏。

安史之乱后，此曲失传。后来，南宋年间，词人姜夔发现商调霓裳曲的乐谱十八段。这些片段还保存在他的《白石道人歌曲》里。时至今日，我们已经无缘得见最初的《霓裳羽衣曲》，而只能根据敦煌藏经洞留存的唐代敦煌曲谱残卷、收录有唐代筝曲的日本筝谱集《仁智要录》解译的筝曲、姜夔发现的著名唐代法曲《霓裳羽衣曲》“中序”部分第一段乐曲窥见一斑。但不可否认的是，无论是在宫廷还是民间，无论是在唐代还是后世,《霓裳羽衣曲》都产生了极大的影响，尤其是它所承载的那一段爱情故事，更是让所有人为之动容。

皮影戏背后的故事是什么

皮影是中国民间的传统艺术，每每看到小小皮影在指尖飞舞，时而刀光剑影，时而策马扬鞭，时而缠绵悱恻，时而单打独斗，都不禁令人感到神奇。人们也总是被这种奇妙的艺术形式所吸引。尤其在过去没有电影、电视的时代，皮影戏是受众非常广泛、备受人们欢迎的民间娱乐活动之一。那么，关于皮影戏你知道多少呢？你知道它背后的故事是什么吗？

实际上，皮影戏又称为“影子戏”“灯影戏”，是一种用兽皮或是纸板来制作人物剪影从而表演故事的民间戏剧。在表演的时候，灯光照射在兽皮或纸板雕刻成的人物剪影上，皮影艺人会隐藏于白色的幕布后面，一边用手操纵着皮影人，一边用当地流行的曲调唱述皮影正在演绎的故事，同时还会配以打击乐和弦乐，十分具有乡土气息，流行的范围也非常广泛。在北京，因剧中人物剪影用驴皮（既透明又坚固耐磨，着色后非常艳丽）制作而成，因而又被称作“驴皮影”。还有的地方称之为“皮猴戏”“纸影戏”等。而不管是制作皮影还是表演皮影，都需要有高超的手工技艺。由此，2011 年，中国皮影戏入选《人类非物质文化遗产代表作名录》。

就其起源来说，皮影有文字记载的历史已经 2000 多年了。根据晋代干宝的《搜神记》记载，汉武帝有一位妃子唤作李夫人，深得他的喜爱，不料李夫人因病去世，汉武帝悲痛欲绝，思念之情令他终日神情恍惚，完全把国家大事抛在了脑后。方士李少翁对此忧心不已，一日出门，遇到有孩子用手拿着布娃娃在玩耍，布娃娃的影子倒映在地上竟栩栩如生。于是，李少翁灵机一动，便用棉帛裁成李夫人的影像，并在影像上涂上色彩，然后在手脚处装上木杆。等到入夜了，李少翁便在一顶方帐中点起了蜡烛，在烛光的照射下，李夫人的影像便呈现在了帐布上。汉武帝在帐中看去，李夫人在帐布上摇曳生姿，栩栩如生，立时龙颜大悦，就此对“皮影”这种表演形式非常喜爱。

同时，这个故事也被记载在《汉书》中，而《海阳竹枝词》则把这个故事表述得更加鲜活：“张灯作戏调翻新，顾影徘徊知逼真。环佩姗姗莲步稳，帐前活见李夫人。”皮影戏在元代的时候，随着军事远征和海陆交往，逐渐被传到西亚和欧洲。到了明代正德三年（1508 年）北京曾举办百戏大会，皮影戏也参加了演出，备受人们的欢迎。

由此可知，皮影戏可谓是历史悠久、源远流长。它以独特的艺术魅力，感染着无数的观众，给人留下难以磨灭的印象。所以，对于皮影这种艺术表现形式，我们一定要好好地保护，并发扬光大，不能让它后继无人。

被称为“驱梨园领袖，总编修师首”的是谁

元代时我国戏曲的繁荣兴盛使其成为我国文学艺术园地中的一朵奇葩。而且在元代一百多年的时间里，戏曲创作风靡全国，作家云起，涌现出了一批成就卓著的戏剧作家。其中，最为人瞩目的当属“元曲四大家”之首的关汉卿。他的作品对后世的戏剧发展产生了巨大而深远的影响，有些剧目至今盛演不衰，被翻译成多个语种在许多国家传播，对东西方的文化交流起了积极的促进作用。

说到这里，你对关汉卿这位戏剧大师到底知道多少呢？你知道他又被称为“驱梨园领袖，总编修师首”吗？这是明代贾仲明对他的吊词。那么，关汉卿为何会有这两个称号呢？

毋庸置疑，这是由关汉卿戏剧的成就和地位所决定的。关汉卿所处的时代是金末元初，他是元朝著名的戏曲作家、元杂剧的奠基人，被誉为“元曲四大家”之首。当时，社会动荡，阶级矛盾和民族矛盾十分突出，底层人民生活在水深火热之中。这成为他后来进行戏曲创作的时代背景。同时，关汉卿多才多艺，自幼便熟读儒家经典，深受儒家思想影响，《周易》《尚书》的经典句子被他常信手拈来，自如地运用到创作的剧作中。但他所处的时代却使他进则无门，退则不甘，于是他便以开阔的胸襟面向底层，留恋市井，受到生生不息的民间文化的滋养，因而

写杂剧、撰散曲能够得心应手地运用民间大众的白话以及三教九流的行话。由于关汉卿在文艺活动中吹拉弹唱、能歌善舞，且口齿伶俐、语言幽默、形象动人，而且经常粉墨登场，因此成为人们公认的“梨园领袖”。

此外，关汉卿的大部分作品都立足现实，擅长表现弱小人物的悲欢离合，将人世间的不平之事进行深刻揭露。加上关汉卿曾经历一段流亡生活，见识了太多的社会悲剧、黑暗和官府腐败等，于是便把这些现象反映到了作品中，对现实生活的残酷进行揭露和抨击，由此表现出一种抗争精神。

同时，在这个过程中，关汉卿塑造了很多令人印象深刻的人物形象，有皇亲国戚、豪门权贵如葛彪、鲁斋郎，“动不动挑人眼，剔人骨，剥人皮”。又有如窦娥、赵盼儿、杜蕊娘、王瑞兰、谭记儿、燕燕等普通女性。而这些人物形象都成了关汉卿作品的名片，使得他的作品得以广为传唱，流传至今。据记载，关汉卿一生创作的杂剧共有60余部，现存18部，最著名的《窦娥冤》被王国维评价为“列之于世界大悲剧中亦无愧色”。他的《窦娥冤》《拜月亭》等七百年来一直上演不衰，并为我国戏剧里的悲剧、喜剧关目处理、各种舞台形象的塑造提供了典范。

不仅如此，关汉卿还创作了不少历史剧，如《单刀会》《哭存孝》《西蜀梦》《单鞭夺槊》等，都非常成功，堪称“总编修师首”。总之，关汉卿获得的这些荣誉和评价是当之无愧的，他是一个伟大的艺术家，他留下的作品是一座丰富多彩的艺术宝库，已成为中国人民乃至世界人民宝贵的精神财富。

“青衣”属于“生旦净丑”中的哪一类

说起戏曲，人们首先论说品评的一个十分重要的方面就是行当。而所谓行当，其实就是对戏曲中表演人物的角色进行一定的分类，这也使得戏曲系统化和章程化，是戏曲发展成熟的表现。那么，你知道人们口中经常谈论的“青衣”指的是哪一个行当吗?

实际上，中国戏曲中人物角色的行当的传统分类方法，一般有“生、旦、净、丑”和“生、旦、净、末、丑”两种。不过近代以来，有不少剧种的“末”行都归到了“生”行里面，所以通常是分为“生、旦、净、丑”四种基本角色行当。每一个行当里又会分出若干个分支，每个分支都有其扮演人物和表演特色。由此，各个行当里的角色相互配合，成就戏曲的精彩。

其中,“生”泛指净、丑之外的男角色，要求演出老练成熟，主要分为小生（青年男性）、武生（扮演擅长武艺的人物）、老生（扮演中年以上性格正直刚毅的正面人物）等;“净”又称花脸，其突出标志就是以各种色彩勾勒的图案化的脸谱妆，常用于表现性格粗犷、豪迈的人物，主要分为正净（大花脸，以唱功为主，多是朝廷重臣）、副净（二花脸，重身段动作）、武净（武二花）;“丑”又称为小花脸或是三花脸，属于喜剧角色，常在鼻梁眼窝间勾画脸谱，多扮演滑稽的人物，重在口齿清晰流利，主要分为文丑和武丑两大分支。

而人们口中常说的“青衣”则属于“旦”这一类。“旦”演的是女性，主要分为青衣、花衫、花旦、刀马旦、武旦、老旦。这几个分支最主要的一类就是“青衣”，因扮演的角色常穿青素（黑色）褶子而得名。也正是因为这样，青衣又常常被人称作青衫，简称衫子。同时，青衣在南方剧种中又多称正旦，主要扮演端庄、严肃、正派的青年、中年妇女（没有老年，老年就变成老旦了），多为贤妻良母，或是封建社会的贞洁烈女之类的人物。这些人大都命运不太好，有的遭受遗弃，有的生活很困苦。正因如此，青衣穿的衣服是非常朴素的。

在表演上，青衣重在唱功，且唱功繁重，但动作幅度大多比较小，行动比较稳重，不过也有唱、念、做并重的，像是《宇宙锋》中的赵艳容、《汾河湾》里的柳迎春等皆是如此。而且，在唱功上，青衣念白大都是念韵白，而不念散白。

还有，在服饰上，虽大多是青衫，但也有青衣穿女蟒或是宫衣的，但不管穿什么，一般的褶子和色彩都比较素雅，除非女蟒和宫衣是固定的式样、花色。所以，青衣也就有了另外一个称谓，即“苦条子旦角”。其中，如《三击掌》中的王宝钏、《二进宫》中的李艳妃、《桑园会》中的罗敷、《六月雪》里的窦娥、《三娘子》里的王春娥、《浣纱记》中的浣纱女等角色都是典型的青衣。

京剧“四大名旦”是指谁

京剧是中国传统戏剧文化的代表，位居中国戏曲三鼎甲“榜首”，更被列入《人类非物质文化遗产代表作名录》，是广大人民群众最喜闻乐见的艺术形式之一。而且，京剧也成为介绍、传播中国传统艺术文化的重要媒介。在京剧发展的过程中，涌现了一批批精品剧目和伟大的艺术家。那么，你知道对京剧发展做出过重大贡献、被誉为“四大名旦”的京剧表演艺术家都是谁吗？他们又有什么独到之处？

原来，民国时的《顺天时报》曾举办评选“首届京剧旦角最佳演员”的活动，结果梅兰芳、程砚秋、尚小云、荀慧生四位当选，他们四人被誉为京剧“四大名旦”。同时，《顺天时报》还将梅兰芳选为“伶界之王”“四大名旦之首”，由此成就了京剧界的一代传奇。而这“四大名旦”也成了我国京剧旦角里的四大艺术流派的创始人，他们的杰出艺术成就，给人们留下了不可磨灭的印象。

梅兰芳出身于梨园世家，8 岁学戏，10 岁登台，擅长青衣，兼演刀马旦。他表演功力深厚，文武兼长，且台风优美，扮相极佳，嗓音圆润，唱腔婉转妩媚，创造了众多姿态各异的女性形象。同时，梅兰芳继承传统，勇于创新，在半个多世纪的舞台实践中，将我国戏曲艺术的精华集于一身，对旦角的唱腔、念白、舞蹈、音乐、服装、化妆等各个方面进行了创造性的发展，成就了众多令人难忘的艺术形象，积累了大量的优秀剧目，并最终形成了独具一格的表演艺术流派，即“梅派”。纵观梅兰芳的曲艺表演，他对现代中国戏曲艺术的发展起到了承前启后的作用，被誉为“伟大的演员和美的化身”，并把中国戏曲传播到国外，是享有国际声誉的戏曲表演艺术家。其代表作有《宇宙锋》《贵妃醉酒》《断桥》《奇双会》《霸王别姬》《穆桂英挂帅》等。

程砚秋，自幼学戏，嗓音极佳，演青衣，受师于梅兰芳。在表演艺术上，他大胆革新，舞台表演唱腔讲究音韵，注重四声，追求“声、情、美、永”的高度结合，并根据自己的嗓音特点，创造出一种幽怨婉转、起伏跌宕、若断若续、节奏多变的唱腔，形成独特的艺术风格，被人称作“程派”。他创作的角色，典雅娴静，有一种清峻之美。无论是眼神、身段、步法、指法、水袖，还是剑术等各方面的表演都有创新，具有与众不同的特点。其代表作有《英台抗婚》《荒山泪》《鸳鸯冢》《青霜剑》《窦娥冤》等。

尚小云，自幼学艺，功底深厚，嗓音宽亮，唱腔以刚劲著称，14 岁时便被评为“第一童伶”，在近 60 年的舞台实践中创造出了“文武并重，歌舞兼长，清新英爽，洒脱大方”的京剧“尚派”艺术，成为中国具有深远影响力的京剧表演艺术大师。其代表作有《三娘教子》《秦良玉》《战蒲关》等。

荀慧生，初学河北梆子，19 岁开始演京剧，功底深厚，唱、念、做、打无一不精，并能汲取梆子戏旦角艺术之长，熔京剧花旦的表演于一炉，形成独特的艺术风格，世称“荀派”。其中，他尤其主张唱和念时生活感和艺术性相结合，并与表情、身段的真实自然相一致，互为表里，这也是荀派表演的特殊风格。他一生演了三百多出戏，有“无旦不荀”的美誉。其代表作有《元宵谜》《玉堂春》《棋盘山》等。

为什么把戏曲演员称为“梨园弟子”

戏曲是一种历史悠久的综合舞台艺术，经过长期的发展演变，逐步形成了以“京剧、豫剧、越剧、评剧、黄梅戏”五大戏曲剧种为核心的中华戏曲百花苑，且每一种戏曲形式都有众多的戏迷追捧。那么，你在欣赏戏曲的时候，有没有考虑过这样一个问题，为什么戏曲演员常常被称作“梨园弟子”呢?

其实，“梨园弟子”这一称谓最早并不是指戏曲演员，而是指皇家乐工。根据史料记载，唐代时开始设置教坊，专门管理宫廷音乐的教习以及各项演出事宜，是全国最高的培养宫廷音乐人才的机构，聚集了当时最高水平的歌舞、器乐人才。而唐代流行法曲，也就是后来大型歌舞的雏形。唐代法曲不管是唱歌还是跳舞，都会有器乐现场伴奏，且阵容庞大，多达几百人。这样高难度的音乐表演不是一般艺术团体能够胜任的。所幸，唐玄宗李隆基喜欢音乐，精通音律，是一位出色的音乐家，尤其喜欢法曲。唐玄宗为了能够演奏出令他满意的法曲，便从太常乐工中精心挑选了 300 人，由他亲自培养并组织排练。而培养和排练的场地就是长安西北禁苑里面的梨园，而这些参加培训和排练的乐工就被称为“皇帝梨园弟子”。这些“梨园弟子”受到系统的培训和严格的考核，考核不合格就会被辞退，所以“梨园”之中没有滥竽充数之人，“梨园弟子”全都技艺超群。后来，这些梨园弟子流落民间，使得民间的音乐艺术也得到了极大的发展。

可见，当时的“梨园弟子”主要是唐玄宗的乐器演员，但是随着法曲的发展和演变，歌舞成了法曲的主要呈现方式，于是这些“梨园弟子”也便成了歌舞器乐的综合表演者。后来，法曲渐渐衰落，戏曲兴起。人们又用“梨园弟子”这一称呼来代指戏曲表演者。从戏曲表演载歌载舞的形式看，此时的“梨园弟子”尽管表演的内容发生了很大的变化，但依然保留了最初的一些特点。

就这样，后世的戏剧演员把唐玄宗奉为戏曲的祖师爷，而为了得到祖师爷的庇佑就自称为“梨园弟子”，一来表示自己是“皇帝的人”，二来说明自己的戏曲技艺高超。元末明初高明的著名戏曲《琵琶记》中有一句开场白：“今日梨园弟子，唱演琵琶记。”可见，当时的“梨园弟子”已经代指戏曲演员了。而这以后，随着戏曲的发展，人们便称戏班、剧团为“梨园”，戏曲演员为“梨园弟子”，把几代人从事戏曲艺术的家庭称为“梨园世家”，戏曲界则称为“梨园界”。

第七章

小说话本

“小说”一词最早出自何人之口

说起小说，大家都不会感到陌生，这是一种通过完整的故事情节和环境描写来塑造人物、反映社会生活的文学体裁，在我们的文学生活中占据着十分重要的位置。目前，在我们接触的文学形式中，最多、最普及的莫过于小说了。无论是古典小说还是现代小说，它总能让我们感受到不同的魅力，得到生活的智慧和感悟。那么，你知道“小说”一词最早是出自何人之口吗？它又是怎么一步步演变成现如今的样式的呢？

事实上，如今小说是文学体裁四分法（散文、小说、诗歌、戏剧）中的一大类别，重点就是塑造人物，它拥有完整的布局、发展和主题。而且，那些令人印象深刻的小说往往会有个性鲜明的对话，让读者对人物形象有深刻的理解。可最初的“小说”和我们现今所谓的小说是有很大不同的，甚至可以说完全没有关系。

根据记载，“小说”一词最早见于《庄子·外物》：“夫揭竿累，趣灌渎，守鲵鲋，其于得大鱼难矣；饰小说以干县令，其于大达，亦远矣。”意思说的是：举着细小的钓竿钓绳，奔走于灌溉用的沟渠之间，只能钓到泥鳅之类的小鱼，而想获得大鱼可就难了。靠修饰琐屑的言论来求得高名美誉，那和玄妙的大道比起来，可就差得远了。联系到当时春秋战国的时代背景，百家争鸣，学术思想林立，很多的学人策士为了说服国君王侯接受其思想学说，大都设譬取喻，征引史事，巧借神话，多用寓言，以便修饰言说来增强文章效果。但庄子认为这些都微不足道，所以称其为“小说”，即“琐屑之言，非道术所在”的“浅识小道”，也就是琐屑浅薄的言论与小道理之意。显然，这里的“小说”和如今我们的小说概念相去甚远。

到了东汉，桓谭在其著作《新论》中提到“小说家合残丛小语，近取譬喻，以作短书，治身理家，有可观之辞”。可见，此时“小说”仍然被认为是“治身理家”的短书，而非为政化民的大道。而班固在《汉书·艺文志》中将“小说家”列为十家之后，定义为：“小说家者流，盖出于稗官，街谈巷语，道听途说之所造也。”虽然此时小说仍是小道，但是小说讲究虚构、植根生活的特点已经呈现出来。可以说，这时的小说和现如今的小说已经有些相近了。

如此，历经先秦、两汉以及魏晋南北朝长期的发展演变，在唐代的时候，小说才正式形成。到了宋代的时候，开始形成了文言小说和白话小说两种不同的小说系统。其中，文言小说起源于先秦的街谈巷语，是一种小道的记录。后来，文言小说历经魏晋南北朝及隋唐长期的发展，无论是题材还是人物的描写，都有了不小的进步，形成了笔记与传奇两种小说类型。而白话小说则起源于唐宋时期说话艺人的话本，出现了话本小说，故事多取材于民间，主要表现了老百姓的生活以及思想意识状况。但不管文言小说还是白话小说都源远流长，呈现各自不同的艺术特色。到了明清时期，中国古典小说得到了空前的发展，涌现出了以四大名著为代表的许多优秀作品，至今仍广为流传。

我国最早的话本诞生于什么朝代

说起话本，文学爱好者基本上不会感到陌生，它被看作古代通俗小说的萌芽，是中国古代小说发展的一个重要阶段。随着宋代城市经济的发展，城市的居民结构发生了变化，形成了一个新的市民阶层。话本就是在适应新的市民阶层的文化需要的过程中逐渐发展繁荣的。那么，我国最早的话本诞生在什么朝代呢？

事实上，“话本”就是说话艺人说话的底本，是随着民间说话技艺发展而来的一种文学形式。原先，话本只是师徒“说话”的书面记录，为口语体，并不是专门供人阅读的书面著述，只是后来才逐渐转变为可供阅读的话本小说。追本溯源，话本起源于唐代人的“说话”，也称作“话”或是“作话”，如元稹诗注所说的《一枝花话》、敦煌写本《庐山远公话》和《韩擒虎话本》（原卷写作“画”）等。而“说话”是唐宋时期民间艺人讲说故事的专称，和我们现今所说的说书有些类似。

当时，“说话”是以故事敷衍说唱，也就是口头述说的故事，亦称“话本”，而从事说话的艺人则称为说话人。后来，随着说话艺术的发展，又出现了“古话”（说唱古代的历史故事）、“小话”（小故事）等形式。到了宋代的时候，说话技艺已经非常普及，有很多的说话艺人。这时的说话主要表现形式就是话本。当时，随着城市经济的发展，城市居民结构发生了不小的变化，不仅有大量的官吏和士兵，还聚集了众多的商人和工匠，逐渐形成了一个新的阶层，也就是市民阶层。

为了满足市民阶层的文化需要，各种民间技艺、大众的娱乐方式逐渐地向城市集中。当时，北宋开封、南宋临安等大城市里出现了专供人们娱乐的场所，被称作“瓦舍”或是“瓦子”。而且，宋代的瓦子已经形成了较大的规模，在瓦子里还会有很多的桥道、酒楼茶馆、各种店肆以及“勾栏”（类似于后代的戏院）等，其中勾栏是瓦子游艺场的集中地，分别上演着杂剧、诸宫调以及说话等各种技艺。因此，随着说话艺术的兴起，越来越多的百姓喜爱上了这种通俗简洁的艺术形式，话本自然而然也就兴起了，毕竟话本说到底就是说话的故事文本。就这样，宋代话本逐渐兴盛发展起来，这时候也产生了比较典型的话本。

具体来说，宋代话本主要可分为三类：一是叙事粗略、文字粗糙的说话艺人的底本；二是以说话艺人口述故事为主要内容的记录整理本，文字通顺，描写细致，叙事周详，大概是出自当时的读书人或书会先生之手，如《碾玉观音》等；三是文人依据史书、野史笔记、文言小说等改编而成的通俗故事读本，如《大宋宣和遗事》等。这些话本由此一步步发展兴起，并出现模仿话本而创作的作品，如话本小说，也称作拟话本小说。

所以，话本是说书人说话的底本，起源于宋代。话本小说则是民间说话艺人的创作，既具有口头文学的清新活泼的特色，又发扬了志怪、传奇等古代小说的优良传统，在思想性和艺术性上都有一定成就。可以说，宋代话本小说是中国小说史上一个重要的发展阶段。

“无巧不成书”出自哪里

人生总是充满巧合，而当我们遇到一些巧合之事的时候，往往会不禁感叹“无巧不成书”，认为世上之事有太多的无奈或是惊诧，似乎冥冥之中自有安排，原先的一切都是为了巧合做的铺垫。但是，你知道，人们口中常说的“无巧不成书”这句话出自哪里吗？

虽然人们常用“无巧不成书”来比喻事情十分巧合，可是要说清楚这句话出自哪里，背后蕴藏着什么故事，恐怕没有几个人能做到。实际上，“无巧不成书”这句话与元末明初著名文学家施耐庵的《水浒传》有关。《水浒传》是中国历史上最早以白话文写成的章回体小说之一，被后人归为古典四大名著之一，艺术地反映了北宋宋江起义从发生、发展直至失败的全过程，深刻揭露了当时尖锐对立的社会矛盾和“官逼民反”的残酷现实。

据说，施耐庵在写作《水浒传》的第二十三回《横海郡柴进留宾　景阳冈武松打虎》时，“景阳冈武松打虎”这一段怎么也写不好，横竖都觉得写得太肤浅，人物没有神气，为此琢磨来琢磨去，伤透了脑筋。正当十分苦闷的时候，屋外却传来了一阵吵闹声。听到吵闹声，施耐庵便不由得放下笔站起身来，走到门口往外一看，发现是邻居阿巧和一条恶狗在缠斗。

当时，阿巧喝醉了酒，袒着胸，露着背，直向那条恶狗拳打脚踢。那恶狗也不甘示弱，一会儿扑，一会儿掀，一会儿剪，冲着阿巧就是一阵乱叫乱咬。可忽然间，恶狗猛地朝阿巧扑了上去，而阿巧闪身一让，便顺势骑在了恶狗的背上，紧接着便又是一阵拳打脚踢，不一会儿，那条恶狗便动弹不得。施耐庵在一旁看了不禁心有所思，似乎看到了笔下武松与猛虎搏斗时的场景。就这样，施耐庵文思泉涌，赶紧回到书房，一口气便写下了“景阳冈武松打虎”这一名传千古的场景。后来，施耐庵把这件事告诉了妻子，妻子笑着对他说：“真是无巧不成书啊！”

就这样，“无巧不成书”便传开了，一传十十传百，很快便成了一句俗语。尤其是随着《水浒传》的风靡，这句话也被越来越多的人引用，以说明人生中遇到的巧合之事，或者借以说明世事的无穷奥妙。

“负鼓盲翁正作场”描写的是什么情景

“说话”是唐宋时期民间艺人讲故事的专称，相当于说书。而说话在两宋时期，随着宋朝经济的发展，市民阶层的兴起，各种民间艺术也兴盛起来。其中尤以杂剧、滑稽戏以及说书等表演最受欢迎。那么，你知道“负鼓盲翁正作场”描写的是什么场景吗？

实际上，这句“负鼓盲翁正作场”是出自南宋诗人陆游的《小舟游近村舍舟步归（其四）》。全诗是：斜阳古道赵家庄，负鼓盲翁正作场。死后是非谁管得，满村听说蔡中郎。

这首诗是陆游在闲游的时候创作的。诗中描写的场景是：夕阳西下，在赵家庄的老柳树下，老艺人正敲鼓圈场，说唱蔡中郎的故事。其中蔡中郎的故事说的是：东汉蔡邕进京考取状元后因贪图富贵抛弃了家乡的双亲和妻子，做了牛丞相的爱婿，后来被暴雷震死。根据记载显示，这是陆游被罢官后村居生活组诗的一首，叙述了他在闲游时在村中看到说话表演的场景。村民们不在意历史人物的功过是非，只管兴致高昂地在柳树下听老艺人演绎“赵贞女蔡二郎”的故事。简单来说，这句“负鼓盲翁正作场”描述的就是宋代乡村中说书的情景。

通过陆游的这首诗，我们可以感受到宋代说话艺术的流行。当时，在宋朝的娱乐活动中，说书是必不可少的，通俗的、内容丰富的说书不仅在城镇中非常流行，就是在乡村中也能够时常看到。

《三国演义》中的“五虎上将”在历史上确有其人吗

《三国演义》是中国古典四大名著之一，是中国第一部长篇章回体历史演义小说，书中描述了众多的杰出将领，而其中最为人称道的莫过于蜀汉刘备麾下的“五虎上将”，其排名顺序是：关羽、张飞、马超、黄忠、赵云。这五位大将为刘备的蜀汉霸业立下了汗马功劳，都是东汉末年数一数二的将领。但是，我们不禁要问，在历史上的三国时期，“五虎上将”是确有其人还是纯属杜撰呢？

其实，《三国演义》是一本历史演义小说，又称为《三国志通俗演义》，与《三国志》是有根本区别的。所谓演义是指纪实体的演义小说，创作过程中作者掺进去民间的传说以及自己的主观构思等，有很大的虚构成分，但人名大多数是真的，如隋唐演义、封神演义都是如此。《三国志》属于正史，是西晋史学家陈寿所著，是具有文献参考价值的三国断代史。因而，我们对历史的认识和判断要遵从正史而非演义。

就“五虎上将”来说，历史上并没有这样的说法和称谓。在《三国志》的写作过程中，陈寿将历史地位大致相同的人列为一传。而关羽、张飞、马超、黄忠和赵云这五人具有一定的共性，所以才被陈寿统一写在《蜀书六 · 关张马黄赵传第六》，以致流传后世，但书中并未提出“五虎上将”的说法。而且在不同的版本中，“五虎上将”的说法也有所演变。在最初的《三国演义》中，五虎上将的排序为：关、张、马、黄、赵。后来，《三国演义》经清代的毛纶、毛宗岗父子二人改编后变为：关、张、赵、马、黄。现在通行的120回的《三国演义》就是毛氏父子改编的。另外，也有的说法将魏延代替马超作为“五虎上将”之一，认为魏延有勇有谋、战功卓著，而马超有勇无谋，在走投无路的情况下才投到刘备阵营，不足以称道。

所以，关羽、张飞、马超、黄忠、赵云在历史上虽确有其人，而且也有关于他们的英雄事迹和卓越战功的记载，但并非完全像《三国演义》描述的那样，他们的故事在很大程度上都是经过小说作者修饰的，关于他们几位更为准确的历史情况则要参考陈寿的《蜀书六 · 关张马黄赵传第六》以及其他正史记载。不过，应当看到《三国演义》的精彩讲述和“五虎上将”的说法的确使得这五人的故事更加家喻户晓。

《红楼梦》中的骨牌现在还有吗

《红楼梦》是中国古典四大名著之一，清代小说家曹雪芹创作的章回体长篇小说，又名《石头记》《金玉缘》等。在小说中，作者以贾、史、王、薛四大家族的兴衰为背景，描绘了一批举止见识出于须眉之上的闺阁佳人的人生百态，展现了厚重的人性美和悲剧美。它是一部具有世界影响力的小说作品，举世公认的中国古典小说巅峰之作，中国封建社会的百科全书。而在《红楼梦》中，饶有趣味的是，作者多次提到一种叫作骨牌的东西，若是不懂骨牌的人看了肯定会如坠五里雾中。那么，到底什么是骨牌呢？骨牌到如今还存在吗？

事实上，骨牌是一种牌类的娱乐用具，也用作赌具，是由骰子演变而来的，但是骨牌的构成远比骰子复杂。骨牌每副 32 张，用骨头、象牙、竹子或乌木制成，上面刻着以不同方式排列的从 2 到 12 个点子。骨牌俗传始行于宋代，由于其制作材料大都是牛骨，故称骨牌，而骨牌也有用象牙制成的，因此又称作“牙牌”。另外，骨牌产生于北宋宣和年间，因而又被称作“宣和牌”，民间则称作“牌九”。

《红楼梦》第四十回《史太君两宴大观园　金鸳鸯三宣牙牌令》就写了很多关于骨牌的内容，其中写道：“鸳鸯道：‘如今我说骨牌副儿，从老太太起，顺领下去，至刘姥姥止。”而且还详细描述了他们玩骨牌的很多细节。用通俗简单的语言来描述，其游戏规则是：把 32 块骨牌 4 块一组，分 8 组，每人按摸牌规则摸 8 块牌，由庄家开始出牌，玩家每人轮流出牌，上手出一块牌下手就必须跟一块牌，上手出一对牌下手就必须跟一对牌，如果上手出的牌下手要不起，下手必须消牌（下手用手上最小或没用的牌跟上手的牌），消的牌必须字向下，不能让对手知道消的什么牌，一轮结束后由桌上牌面最大的玩家把桌上的牌全部收到自己面前算得到的分。最后，玩家收的牌越多得的分越多。

后来，清代的梁章钜在其《浪迹续谈·骨牌草》中言道：“骨牌之戏，自宋有之，《宣和谱》以三牌为率，三牌凡六面，即骰子之变也。近时天九之戏，见于明潘之恒《续叶子谱》，云近丛睦好事家，变此牌为三十二叶，可执而行，则即今骨牌碰湖之滥觞也。”而且，据记载，明清时期盛行的“推牌九”“打天下”等都是当时最吸引人的游戏。著名教育家叶圣陶先生在其《多收了三五斗》中言道：“有的沉溺在赌博里，希望骨牌骰子有灵，一场赢它十块八块。”再后来，麻将成为骨牌中影响最广的一种游戏形式，受到越来越多人的欢迎和喜爱。只不过，随着时代的发展和人们玩法的变迁，现如今的麻将和《红楼梦》中讲到的骨牌的玩法已经大不一样了。

《金瓶梅》的作者兰陵笑笑生到底是谁

《金瓶梅》是我国明代著名长篇世情小说，也是中国明代四大奇书（《金瓶梅》《三国演义》《水浒传》《西游记》）之首。可以说，它是我国文学史上一部具有里程碑意义的作品，对后世产生了巨大影响，并对《红楼梦》的创作起到了不容小觑的作用。但就是这样一部惊世骇俗之作，我们对它的作者却知之甚少，只知道它的署名作者是“兰陵笑笑生”。那么，我们不禁要问，“兰陵笑笑生”到底是谁呢？

实际上，这个问题的难点在于《金瓶梅》作者的署名是个托名，而且作者自始至终对自己的著作没有任何公开的表示，让人难以考证。也正因为这样，《金瓶梅》作者的真实姓名成了一个历史谜团，甚至被喻为中国古代文学作家考证界的“哥德巴赫猜想”，四百年来无人能解。研究者们最多也就是从其作品中的语言风格、写作水平、包含的知识信息等方面来进行一些猜测和推论，但众说纷纭，也都未能得到学术界的一致认可。

有人认为，“兰陵”指的是如今山东省临沂市的兰陵县，而且从对《金瓶梅》的解读中，我们也能发现里面运用了大量的山东口语，所以研究者称作者很有可能就是山东人，或者至少对山东环境十分熟悉，即便不是山东人也与山东这块土地有着千丝万缕的联系。而古籍资料中，对《金瓶梅》作者的描述也是只有只言片语。明代沈德符《万历野获编》中称，“笑笑生”是明嘉靖年间的“大名士”“一巨公”，并与明刻本《山林经济籍》最早透露王世贞是“笑笑生”的信息。同时，也有人称山东峄县（今属山东枣庄市）的兰陵散客贾三近是“笑笑生”，并列出了十大推断论据。还有人认为明人屠隆是“笑笑生”，因为，万历年间的《金瓶梅》版本由欣欣子作序，兰陵笑笑生著，而欣欣子经查正是屠隆的族孙屠本畯。屠家最先是从常州迁徙至现在的宁波，常州当时就被称为兰陵，屠隆又号笑笑先生，所以有此推论。

此外还有李开先说、徐渭说、蔡荣名说等各种不同的推论和猜测，但是到底哪一种猜测更加具有说服力，更加接近事实的真相，还需要我们进行更加深入的研究和考证。而对于这众多的推论和猜测也需要从大量的史料和作品本身包含的信息等方面进行验证。否则，我们就很难得到令人信服的答案。

第八章

文学名人

陶渊明“不为五斗米折腰”，他靠什么维持生活

陶渊明是东晋末期的大诗人、辞赋家。他鄙夷功名利禄，独立率真，历来受人推崇。尤其是他那“不为五斗米折腰”的守志不阿、安贫乐道给世人留下深刻的印象。可是，我们又不禁会想，陶渊明“不为五斗米折腰”，那他又拿什么来维持生活呢？还是说，陶渊明自身就非常富裕，根本不用为衣食而担忧呢？

实际上，陶渊明虽然祖上殷实，起初的家境也并不算太坏，可是在陶渊明8岁的时候，他的父亲就去世了。随着父亲的去世，其家境也逐渐没落。到陶渊明12岁的时候，他的庶母又撒手人寰。后来，陶渊明在《祭程氏妹文》回忆这段往事的时候曾写道：“慈妣早世，时尚孺婴。我年二六，尔才九龄。”到了20岁的时候，陶渊明的家中更加贫困，他曾在五言诗《有会而作》中写道：“弱年逢家乏，老至更长饥。”

可见，陶渊明并非出自衣食无忧的世家大族，生活甚至可以说还很穷困。而为了养家糊口，他凭借才干来到离家不远的彭泽县当县令。这年冬天，陶渊明来到彭泽县任上已经81天了，他正巧碰到浔阳郡派遣督邮来检查公务。可是，那浔阳郡督邮素来凶狠贪婪，臭名昭著，常常以巡视为名向各辖县索要贿赂，每次都是满载而归，若是有不顺心意者他便会对忤逆之人栽赃陷害。陶渊明对这样的人非常厌恶。这次派来的督邮，是个粗俗而傲慢的人，他刚到彭泽的旅舍，就命县吏叫陶渊明来见自己。陶渊明生性旷达，不为功名所累，素来蔑视那些为了功名富贵而趋炎附势的人，所以对这种假借上司名义发号施令的人很是瞧不起，但碍

于位卑也不得不前去见他。于是，就准备动身启程。

谁料，县吏却拦住了陶渊明，对他说道："大人，参见督邮要穿官服，并且束上大带，不然会有失体统。否则，督邮到时会乘机大做文章，对您大大不利。"听到县吏这么说，陶渊明再也无法忍受了，只见他长叹一声，说道："我不能为了县令的五斗薪俸，就低声下气地向乡里小人折腰屈膝。"说完之后，他索性取出官印，把它封好，并且立即着手写了一封辞职信，接着便离开了只当了 81 天县令的彭泽县。这也就是陶渊明"不为五斗米折腰"的由来。

后来，陶渊明尽管又受到了朝廷和官府的征召，但都拒绝了，他和妻子翟氏安贫守节，所谓"夫耕于前，妻锄于后"，就此躬耕陇亩，正式开始了他艰苦但自由的田园生活，直至生命结束。虽说生活比较困苦，但是陶渊明心性高洁，他获得了心灵的自由和人格的尊严，朋友来访，无论贵贱，只要家中有酒，必与其同饮。也正是这份高洁，陶渊明写出了具有独特风格并流传百世的诗文，为后人留下了宝贵的文学财富。在生活上，陶渊明主要是以田园生产为经济来源，很大程度上和一般的农民没有什么两样。

可见，陶渊明原本能够通过做官过上富足的生活，但他却更向往恬淡自由的田园生活。陶渊明那"不为五斗米折腰"、自甘清贫的气节，更是勉励后人要以气节为重，不趋炎附势，要保持善良纯真的本性，不为世上的名利浮华所改变。

有过"茶墨之争"的是哪两位文人

"酒壮英雄胆，茶引学士文。"自古以来，茶就与文人雅士结下了不解之缘。

如宋代杰出的文学家苏轼就对“茶”情有独钟。苏轼除用吟诗填词来消解内心的苦闷外，另一个重要的精神寄托便是“茶”。他不仅会品茶，还会种茶、采茶、烹茶，因而被人称作“茶人”。而且，还和另外一位文学大家有过一场“茶墨之争”。那么，“茶墨之争”到底是怎么回事呢？其中牵涉的另一位文人又是谁呢？

原来，在唐宋时期茶风炽盛，文人雅士皆以尚茶为荣，以茶写景、以茶抒怀写就的茶诗、茶词、茶歌不胜枚举。由此，“斗茶”风的兴起吸引了大量文人墨客的参与，人们聚集一堂斗茶品茗，自备茶品、茶具、茶水，以更好地发挥茶的特性和品质。一时间，文人雅士以品茗斗茶为最大的艺术享受，越来越多的人加入其中。

这天，北宋政治家、文学家司马光约了十余人前来斗茶取乐。只见大家都带着自己收藏的好茶、最好的茶具以及泡茶的水来赴会，先看茶样，再闻茶香，后尝茶味。按照当时的社会风尚和品茶之风，人们普遍认为在茶类中白茶最佳，而司马光和苏轼两人的茶都是白茶，结果他们两人的茶名列前茅。但当时，苏轼带来泡茶的水是隔年雪水，水质好、茶味浓，因而苏轼的茶略占上风，压了司马光的茶一头。

对此，苏轼当然十分高兴，不免露出得意之状。司马光心中不服，就想出了个难题打算压一压苏轼的气焰。于是，司马光笑着对苏轼说道：“茶欲白，墨欲黑；茶欲重，墨欲轻；茶欲新，墨欲陈。君何以同爱两物。”在场的人听了，纷纷拍手称绝，认为这下可把苏轼给难住了。可苏轼毕竟是文学大家，是个名副其实的大才子，这问题自然难不倒他。只见苏轼稍加思索，便欣然反问道：“奇茶妙墨俱香，公以为然否？”众人听了都非常信服。由此，茶与墨结下不解之缘，茶益人思，墨兴茶风，真可谓相得益彰。而司马光和苏轼的“茶墨之争”也堪称妙人妙语，被后世传为美谈。

哪位诗人曾用“金龟”换酒

在形容人处世豁达、恣情纵酒的时候，人们常常会想到一个成语，那就是“金龟换酒”。可若是没有听过这个成语或是不了解这个典故的人听了就会丈二和尚摸不着头脑。那么，这里的“金龟换酒”为什么是豁达的意思呢？其中又涉及什么样的故事呢？

实际上，“金龟换酒”是指解下“金龟”换美酒，而这一成语最早出自唐代大诗人李白的《对酒忆贺监诗序》，其中言道：“太子宾客贺公，于长安紫极宫一见余，呼余为‘谪仙人’，因解金龟，换酒为乐。”看来，所谓的“金龟换酒”其实是由“太子宾客贺公”宴请李白的事情而来的。也就是说，“金龟换酒”是“贺公”所为。那么，这里所说的“太子宾客贺公”到底是谁呢？在宴请李白的时候又到底发生了什么事情？

原来，这句成语“金龟换酒”所说的主人公就是唐代著名诗人贺知章。贺知章，自号“四明狂客”，为人旷达不羁，人称“酒仙”，酷爱饮酒。杜甫在《饮中八仙歌》（写京城长安八名豪饮之士）中，第一位咏的便是贺知章：“知章骑马似乘船，眼花落井水底眠。”醉态跃然纸上。而贺知章几十年的饮游生涯中，最有意义的一件事就是赏识了李白。

当时，贺知章在朝中担任要职，声名显赫，李白却还是个无名小辈，虽有一身才华但却无人赏识。这天，李白来到京师长安，因没有朋友便暂居在旅店里，贺知章听闻过李白这个人，也曾读过他的诗作，认为他是个不可多得的才学之士，便前去拜访，只见李白身着白绸长衫，风度翩翩，便向李白要新作的诗来看，而当贺知章读李白的《蜀道难》才读一半时，就不禁惊讶地对李白说道：“这诗真是鬼斧神工，看来，也只有天上下凡的诗仙才能写得出来啊！”就这样，李白便被人称作“谪仙人”，即“诗仙”。由此，两人相见恨晚，遂成莫逆。

到了黄昏时分，贺知章邀请李白去饮酒。但是到了酒舍坐下后才发现竟然没有带钱。贺知章想了想，便把腰间的金饰龟袋解了下来，作为酒资。“金龟”是当时官员挂在腰间的一种佩饰，十分名贵。李白见状，急忙上前阻拦并说道：“这可使不得，这是皇家按官阶品级给您的腰间饰品，怎么好拿来换酒呢！”贺知章听了大笑道：“这算得了什么呢，今日你我一见如故，自然尽情畅饮。”

就这样，贺知章和李白畅饮起来，他们两人都很能喝酒，一直到喝得醉醺醺的才告别离开。这就是著名的“金龟换酒”的故事。后来，贺知章向皇帝推荐了李白，皇帝也久闻李白之名，加之贺知章的推荐，便任命李白为翰林学士。再后来，贺知章去世，李白十分伤感，并写下《对酒忆贺监二首》。而“金龟换酒”便成为饮酒史上广为流传的一段美谈，贺知章与李白的忘年交，也成为文学史上一段动人的佳话。

为什么说苏轼是历史上罕见的全才

我国历史文化悠久，几千年间涌现的杰出人才灿若繁星，数不胜数，他们之中或精于诗，或擅于词，或工于画，或长于曲，但是在诸多领域和方面都做出突出贡献、能够崭露头角、堪称全才的人却是少之又少。而“唐宋八大家”之一的苏轼无疑就是这样令人瞩目的一位。那么，苏轼到底有什么过人之处，被认为是历史上罕见的全才呢？

原来，苏轼是宋代文艺成就的杰出代表，他在诗、词、散文、书法、绘画等方面都取得了很高的成就，是北宋时期著名的文学家、书法家、画家，可以说集众多荣誉于一身，是中国历史上罕见的全才。

苏轼的诗作被称作“苏诗”，代表宋诗的最高水平。苏轼的诗歌涉及的内容广泛，风格多样，笔力纵横，变幻无穷，出类拔萃，且具有浪漫主义色彩，在塑造宋诗新面貌的过程中做出了巨大的贡献。重要的是，苏诗始终把批判现实作为诗歌的重要主题，也善于在诗作中表达对人生和生活的思考。其诗清新豪健，善用夸张比喻，独具风格，与黄庭坚并称“苏黄”。

在词作上，苏轼“以诗为词”，对词体进行了全面的改革，扩大了词的表现功能，丰富了词的情感内涵，拓展了词的时空场景，从而提高了词的艺术品位，把词堂堂正正地引入文学殿堂。他扫除了晚唐五代以来的传统词风，开创了与婉约派并立的豪放派，冲破了诗庄词媚的界限，对词的革新和发展做出了重大贡献，与辛弃疾同是豪放派代表，并称“苏辛”。

在散文方面，苏轼汲取了前代传统的优点，体现了唐宋古文运动的积极成果，把散文的文学性、实用性和通俗性都推进了一大步，并有很大的独特性。其文气势雄壮，纵横恣肆，豪放自如，挥洒如意，思绪泉涌，语言却平易自然，与欧阳修并称“欧苏”，为“唐宋八大家”之一。

在书法上，苏轼曾遍学晋、唐、五代的各位名家之长，融会贯通后自成一家，自创心意。用笔丰腴跌宕，有天真烂漫之趣。擅长写行书、楷书，与黄庭坚、米芾、蔡襄并称为“宋四家”，对后世影响深远。

在绘画方面，苏轼擅长画竹石，且独具风格。他作画很有奇想远寄，重神似不重形似，主张画外有情，画要有寄托。在绘画理论方面，他提倡“诗画本一律，天工与清新”，而且明确地提出了“士人画”的概念，高度评价“诗中有画，画中有诗”的艺术追求，为以后“文人画”的发展奠定了一定的理论基础。

可见，苏轼不管是在诗、词、散文还是书法、绘画方面的造诣都非常精深，有独到的见解和突出的贡献，对宋代的文学和艺术发展产生了深远影响。一般来说，一个人想要在一个领域做出成绩已经十分难得，而苏轼却能够做到在涉猎的多个领域均取得突出的成绩，我们不得不说苏轼是我国历史上罕见的全才。对这一称赞，苏轼当之无愧。

“贺梅子”是哪位宋朝词人的称号

中国是诗歌的国度，古代诗词文化发达，诗人、词人更是群星璀璨，留下了无数灿烂辉煌的华章。而我们对这些诗人、词人进行了解后常常会发现一个十分有趣的现象，就是许多的诗人、词人都会有一些特别的称号，如诗仙李白、诗圣杜甫等。那么，你知道“贺梅子”是哪位词人的称号吗？他的这一称号又是怎么来的呢？

原来，“贺梅子”是宋代词人贺铸的称号。而贺铸之所以被称为“贺梅子”，则是因为他的一首词作，即《青玉案·凌波不过横塘路》，内容是这样的：

凌波不过横塘路，但目送、芳尘去。锦瑟华年谁与度？月桥花院，琐窗朱户，只有春知处。

飞云冉冉蘅皋暮，彩笔新题断肠句。试问闲愁都几许？一川烟草，满城风絮，梅子黄时雨。

在这首词作中，词人贺铸通过对暮春景色的描写，抒发了自己感受到的“闲愁”。在词作的上片，贺铸写路遇佳人却不知其所往的惆怅之情，同时也借此来含蓄地表达自己怀才不遇的感慨；在词作的下片，贺铸写因为对佳人的思慕而心生无限愁思，表达了幽居寂寞积郁难书的情绪。重要的是，这首词虽然表面上是在写相思之愁，可实际上却是在借相思之愁来含蓄委婉地表达自己郁郁不得志的“闲愁”。

由于词人贺铸一生郁郁不得志，怀才不遇，只做过些右班殿直、监军器库门、临城酒税之类的小官，最后以承仪郎致仕。于是，贺铸在这首词作中便将政治上的不得志委婉地表达了出来，当然这也是封建文人的惯用手法。

尤其是最后“试问闲愁都几许？一川烟草，满城风絮，梅子黄时雨”，是全词的传世名句，历来为人所称道。具体来说，贺铸在这几句词中，说的意思是：如果要问我的忧愁有多深多长，就像是一望无际的青草，就像是漫天随风飘转的柳絮，就像是梅子黄时连绵不断的雨水。这几句可以说把积郁在词人心中的“闲愁”描绘得淋漓尽致，巧妙而生动。

要知道，愁绪向来是人的一种主观感受，十分抽象，难以名状和言说。可是在这首词作里，词人却把愁绪形象地化为了三种具体可感的意向，即江岸如烟的青草、满城随风飞舞的柳絮和江南梅熟时的连绵淫雨。而且，这三种意象以江南景色来比喻忧愁的深广，以青草面积之广来比喻忧愁之多，以稠密的“满城风絮”比喻愁之满怀，以“梅子黄时雨”的连绵不断来比喻忧愁时间之长和难以断绝，如此三重比喻便把“闲愁”由抽象化为具象，令人读来意味深长，堪称绝唱。

也正因这首词作中如此绝妙的描述，贺铸有了“贺梅子”的雅号，深得当时人们的赞赏。北宋著名文学家黄庭坚更是称赞他说：“解作江南断肠句，只今唯有贺方回。”可见，贺铸把忧愁之情描绘到了极致。另外，贺铸还有一个外号，叫作“贺鬼头”。原因是因为他长得不好看。但这些与他的才情相比较来说，早已经不是那么重要了。毕竟，他才情出众，作词谱曲，最善推陈出新，化腐朽为神奇。

元末三高士之一的杨维桢为什么会被后人称为“文妖”

说起杨维桢，或许大多数人并不怎么熟悉，因为这位元末文学家的主要成就在元杂剧，其诗文作品在教科书上基本没有什么体现，除非是研究元代文学的专业人士才能全面了解他的成就。事实上，杨维桢在元代文坛上是一颗耀眼的明星，是著名的诗人、文学家、书画家和戏曲家，与陆居仁和钱惟善合称为“元末三高士”。而人们更陌生的是，杨维桢还被后人称作“文妖”。这到底是怎么回事呢？

其实，杨维桢在文学的很多领域都造诣颇深，其中他的诗作自成一体，为古乐府诗，既婉丽动人，又雄迈自然，被称为“铁崖体”，为历代文人所推崇。杨维桢生于元末明初，当时政治腐败、社会动荡，人民生活充满辛酸悲苦，后来又经历元末农民起义，意不在仕途但却不得不在明代做官，最后告老还乡，因病去世。杨维桢特立独行，个性倔强，不逐时流，所作乐府诗大都是咏史、拟古之作，虽说题材上并不新鲜，但是艺术风格上却有独到之处，令人耳目一新。

他因诗作被称作“一代诗宗”“标新领异”，也被誉为“以横绝一世之才，乘其弊而力矫之”，当代学者杨镰更是称其为“元末江南诗坛泰斗”。而观其诗作，有浪漫主义特点，且好驰骋异想，运用奇辞，融汇了汉魏乐府以及李白、杜甫、李贺等人的长处，气势雄健、风格绚丽诡幻。他的五言、七言绝句则学习南朝乐府和刘禹锡的竹枝词，语言通俗，风格清新，有民歌意味。他的诗中还有不少反映客观生活、具有现实意义的作品。由此，杨维桢的诗文清秀隽逸，别具一格。

尤其是在乐府诗上，杨维桢以史实与神话为题材，比兴迭出、奇想联翩、“狂而怪，清新诡谲”，深受诗鬼李贺的影响。也正是因为这种文风，杨维桢被称为“文妖”。而最初“文妖”一词来自王彝的《王征士集》卷三：“天下所谓妖者，狐而已矣；然而文有妖焉，又过于狐者。……浙之西，有言文者，必曰杨先生。余观杨之文，以淫辞怪语裂仁义、反名实，浊乱先圣之道。顾乃柔曼倾衍，黛绿朱白，而狡狯幻化，奄焉以自媚，是狐而女妇，则宜乎世之男子者之惑之也。余故曰：会稽杨维桢之文狐也，文妖也。噫！狐之妖至于杀人之身，而文之妖往往使后生小子群趋而竞习焉。其足以为斯文祸非浅小，文而可妖哉？”

虽然，这里的“文妖”一词是王彝对杨维桢诗文的批判，意思是说杨维桢的诗文风格古怪，内容不利于青少年的成长，有蛊惑人心的嫌疑。但是，对此我们要一分为二地看待，在文风上，杨维桢确实有“狂而怪”的特点，但是后来《四库全书总目》对杨维桢的“文妖”称呼进行了辩驳，并对杨维桢的文风进行了客观的评价。由此，后人便以“文妖”的称谓来赞誉杨维桢在诗文上面取得的成就和达到的高度。“文妖”也成了一种积极的赞誉。

“扬州八怪”究竟怪在哪里

在书画界，“扬州八怪”基本没有人会感到陌生，他们在我国文化史上占据十分重要的地位，其书画作品都堪称绝无仅有的传世精品，被书画爱好者奉为经典。那么，“扬州八怪”分别指的是谁？他们所谓的“怪”又究竟怪在哪里呢？

实际上，“扬州八怪”是清代乾隆年间活跃于扬州一带的一批风格相近的书画家。对于“扬州八怪”的具体人物历来有不同的说法，但是比较公认的说法是，“扬州八怪”包括郑燮、金农、罗聘、黄慎、高翔、李鱓、汪士慎、李方膺八人。他们大都出身贫寒，生活窘困，靠着书画来抒发心中的志向意趣。而要说“扬州八怪”

究竟怪在哪里？具体来说，大致包含以下几个方面：

首先，“扬州八怪”性情高洁，清高狂放，倔强不驯，特立独行，对当时盛行于官场的卑污、奸恶、趋炎附势、阿谀奉承等作风深恶痛绝。在“扬州八怪”中，除了郑燮、李鱓和李方膺曾做过县令之外，其他人都厌恶官场，以不食君禄的鲁连、介之推为榜样，誓不踏足仕途。纵然是做了县令的郑燮也是为官清廉，重视农桑。据说他上任之初在旧官衙的墙壁上挖了百十个孔，通到街上，说是“出前官恶俗气”，由此情系百姓，与民同忧，急百姓之所急。

其次，“扬州八怪”一生最大的志趣都熔铸在了诗文书画之中，而且他们的诗文书画作品大都能够体现各自的品行和与大家相一致的操守，用诗文书画来反映民生疾苦，发泄内心的积愤和苦闷，表达自己对美好理想的追求和向往，而绝非粉饰太平，一味地美化或是有所掩饰。所以，他们的诗文书画总是能够有所揭露和反映，敢于发声和倾诉。其中，郑燮以“三绝诗书画”闻名于世，是“扬州八怪”中的杰出代表。他的《悍吏》《抚孤行》《逃荒行》就是这些题裁的典型。

最后，“扬州八怪”最活跃的领域为绘画，常以卖画为生。而他们绘画的主题大都是梅、兰、竹、石，他们以梅的高清、兰的幽香、竹的清高、石的坚毅，表达自己的志趣。另外罗聘还酷爱画鬼，他笔下的鬼形形色色，并解释说“凡有人处皆有鬼”，这分明是通过对鬼态的描绘来撕下那些披着趋炎附势、欺压贫民的贪官污吏身上的人皮，还原他们的本来面目。由此，“扬州八怪”的画风与一般的画家的画风格格不入。

而画风格格不入的背后实际上是思想行为的特立独行。当时，面对清政府的残酷统治，加之大兴文字狱，“扬州八怪”没有退缩和低头，而是以一种独特的“怪”来标新立异，从而区别于流俗。所以，“扬州八怪”的“怪”并非抛弃传统而是另辟蹊径。对此，郑燮在绘画创作中曾说：“横涂竖抹，要自笔笔在法中。”又说：“必极工而后能写意。”可见，“八怪”之“怪”在于他们表现出来的艺术观点、创作方法所具备的共同特征，也就是注重实践，所谓师法造化，不拘古法而直抒胸臆。

所以，“扬州八怪”在绘画上继承了前代文人画的优良传统，并使之有所发展，他们把文人画中回避现实、脱离生活变为关心现实、注重生活，在绘画中强烈抒发了对世俗社会的愤懑之情，通过手中之笔赋予自然景物以人格化的魅力，来表达自我的生活理想和爱憎态度。当然，这也是“扬州八怪”之“怪”的精神所在。邓拓在咏清代著名画家郑燮时曾写道：“歌吹扬州惹怪名，兰香竹影伴书声。”这大概可以算作对他们“怪”的特点的总结吧。

蒲松龄为什么要摆茶摊

自《聊斋志异》问世以来，这本志怪小说就备受人们喜爱，其中花妖狐媚的故事可谓家喻户晓，数百年来在民间广为流传。而且，《聊斋志异》在艺术上代表着中国文言短篇小说的最高成就，虽然没有在中国古代“四大名著”之列，在文学史上的地位却同样是难以撼动的。那么，你对《聊斋志异》这部小说集有多少了解呢？除了其中引人入胜的鬼怪故事之外，你对这本小说集的创作过程是否有详细的把握？据说，该书的作者蒲松龄在创作的过程中特地在柳泉摆茶摊，这又是为什么呢？

实际上，《聊斋志异》是清初秀才蒲松龄先生写的短篇小说集，这部短篇小说集里面汇集了一百多篇小说。就资料来源来说主要有三种途径：第一种是从古人的书籍里面寻找素材，也就是改写前人的作品，如蒲松龄拿来六朝小说和唐传奇当中的《纸月》《取月》《留月》写了《劳山道士》。第二种是来自自己的亲身见闻和虚构。这部分是作者蒲松龄先生的主观意识的集中体现。第三种便是道听途说，不管听到什么人说或是听说有什么稀奇的事，都收集来写进小说，也正是因为这样，在《聊斋志异》的很多篇目中都保留着浓厚的民间故事特点，毕竟这些故事原本就来自民间。

蒲松龄出生于明末清初的动乱时期，家道中落，生活维艰。而蒲松龄虽刻苦好学，可却屡试不第，不得不在家乡做塾师，以维持生计，并开始酝酿《聊斋志异》的创作。在创作《聊斋志异》的过程中，他倾尽毕生精力，一直到暮年方才写成这一“孤愤之书”。为此，他纵然生活窘困，仍旧趁闲暇的时候在村口路边的树荫下设置了一个茶摊，茶摊上放着一小缸粗茶和几只粗瓷大碗，简陋而朴实，供行人歇歇脚。更重要的是在茶摊上还摆着笔墨纸砚，以便在和路人聊天的时候能够敏锐准确地捕捉到其中意想不到的奇闻异事。

为了能够更好地收集到自己的小说素材，蒲松龄还特地为茶摊制定了一个规矩，那就是：无论是谁只要能说出一个故事，茶钱便分文不收。所以不少行人到了茶摊便大讲特讲奇闻怪事、乡里趣闻，有人甚至随口编上几句，蒲松龄也侧耳聆听，一一接受，并把自认为可取的故事或是灵感随手记录下来，茶钱则一文不取。

就这样，蒲松龄在茶摊中收集了形形色色的奇诡故事，而这些故事也在很大程度上激发了他的想象、构思以及创作灵感。所以，蒲松龄摆茶摊收集故事实际上发挥了两方面的作用：一来为蒲松龄的《聊斋志异》直接提供了不少的故事素材；二来是这些形形色色的奇闻异事也推动了蒲松龄在其他故事中的构思和创作。当然，蒲松龄在茶摊收集故事的速度是很慢的，因为他不可能一整天在村口摆茶摊，为了生计他的主要工作还是在私塾中教书。但是功夫不负有心人，随着故事的日积月累，加上从其他渠道获得的故事素材和灵感，蒲松龄的《聊斋志异》终于创作成功。

另外，蒲松龄摆茶摊收集故事，听他们讲千古往事和人间奇谈，也使得人们对《聊斋志异》这部小说集产生更加浓厚的阅读兴趣。因为，人们相信，这部小说里面的故事并非凭空捏造，而是对现实社会有所反映，是贴合自己及周围的生活的。

第九章 七

教育传承

中国最早的学校出现在什么朝代

学校对大多数人来说都不会陌生，可以说我们人生中很长的一段时间都是在学校度过的。而作为学生，更是绝大多数的时间都在学校，与学校的关系有时甚至要比与家庭的关系还密切。学生除了节假日以外每天都会在学校学习、交友，由此以学校为中心展开各种各样的集体活动。可是你知道中国的学校教育是从什么时候开始的吗？“学校”一词又最先出现在什么朝代？下面，我们就来一起看一下吧！

实际上，在我国学校教育的出现是很早的，只不过当时还没有“学校”这一概念。早在夏朝就已经有了广泛意义上的学校，称为“校”，主要是教授祭祀礼仪和射、御、书、数；到了商朝，学校称为“序”，主要进行礼乐、射箭、宗教等教育；西周的时候，学校的名称为“庠”，源于虞舜时期的教养机构，主要是对青年进行孝悌教育。当然，周天子还设置了专门供奴隶主贵族来读书的“大学”，称之为“辟雍”。满 15 岁的男性贵族子弟都可以在里面学习各种所需的技艺，如礼仪、算术、识字、音乐、射箭、驾车等；而 10 岁到 15 岁的男性贵族则是寄宿到城内的“小学”学习。

后来，孔子开创私学，即私塾，使教育从“学在官府”向“学在民间”转变，打破了贵族垄断教育的局面。到西汉时期，汉武帝在中央设置太学（国家最高学府），在地方设置学官。到了隋唐时期，办学达到古代的极盛时期，学校有了更多的分类。值得称道的是唐朝时成立的“书院”，在宋代时达到顶峰，形成蔚为大观的“六大书院”。明清的学校形式基本上都是承袭隋唐的。其中，比较突出的就是地方或私人创办的学塾，也就是私塾，遍布城乡，非常普遍。清末，随着洋务运动以及向西方学习的浪潮，近代教育迅速发展，清光绪二十八年（1902 年），学堂成为一种新的学校形式，新式学堂也逐渐普及开来。辛亥革命后，当时的教育部又重新公布学制，把“学堂”一律改称为“学校”，并一直沿用到现在。

所以，我国的教育起步是很早的，而我国正式把教育机构定名为“学校”最早是在民国时期。自此以后，学校便成为与我们息息相关的教育机构。

孔门“四科”具体指的是什么

孔子是中国著名的思想家、教育家和政治家，并被联合国教科文组织评为“世界十大文化名人”之首，他的贡献和成就是举世公认的。他确立了培养“仁人”“君子”“士”等不同层次与规格人才的目标；提出了“为政以德”“有教无类”等教育思想。而尤其值得肯定的是，孔子的私学打破了“学在官府”的束缚，极大地拓宽了招生范围。据《史记·孔子世家》记载，孔子门下弟子三千人，身通“六艺”的贤人有七十二位，孔子成为当时学识最渊博的学者之一。而孔子教育孔门弟子时，循循善诱，因材施教，尤其注重弟子们的个体差异，常常能够根据弟子不同的性格和才能来教导。尤令人称道的是，孔子还能够按照弟子不同的品行和专长，把他们分为四类来进行教育，也就是后人常说的“孔门四科”。那么，所谓的“孔门四科”到底指的是什么呢？

实际上，“孔门四科”简单来说就是孔子在教育学生时所进行的学科分类。具体来说，孔子在教育弟子的时候，会依据学生不同的性格和天赋来教导，并按照学生不同的品行和专长，把教学的内容进行具体有针对性的细分，最终划分为四大类。至于“孔门四科”具体所指的内容主要有两种说法。其中一种说法来源于《论语·述而》中“子以四教：文、行、忠、信”的记载，人们认为所谓的“孔门四科”就是指“文、行、忠、信”。其中，侧重教育实质内容是指“文”，也就是各种文献知识，主要有《诗》《书》《礼》《乐》《易》《春秋》等，具体内容包括了哲学、政治、历史、文艺等方面。“行”则是社会实践。“忠”则是指忠诚。“信”则是指守信、诚实不欺。

还有一种说法是来源于《论语·先进》中的“德行：颜渊，闵子骞，冉伯牛，仲弓。言语：宰我，子贡。政事：冉有，季路。文学：子游，子夏”。在这段话中，孔子把自己的弟子根据这四大方面进行分类，并列举出了其中表现最为优秀突出者。所以，我们有理由推测孔子的教学内容就是按照这四大门类开展的。而所谓的“孔门四科”也就是“德行、言语、政事、文学”四科。这也是后世多数学者对“孔门四科”的认定。

其实，早在先秦时期人们就已经有了“六艺”的学科划分，也就是礼（礼仪）、乐（音乐）、射（射箭）、御（驾车）、书（识字）、数（算术），这也是当初周王朝要求学生必须掌握的六种基本才能，他们在教育学生的时候也是按照这六个方向来进行的。而孔子的“孔门四科”则又为我们提供了一种教育学生的分类方法，也为我国古代的教育工作进一步指出了方向。大致说来，孔子当时教育弟子时以“六艺”来作为教学内容，教授四门课程，其中，“德行”属于素质类，“言语、政事、文学”属于技能类。而这四门课程的优秀代表，合起来又被称作“四科十哲”。

后来，“孔门四科”在晚清时期发展成了“儒门四学”，而明确把“孔门四科”与“儒门四学”联系在一起的，就是晚清大儒曾国藩。其中，德行科目变为义理学（代表是宋代学者）、言语科目变为词章学（包括诗词歌赋等各类文学著作）、政事科目变为经世学（包括典礼、政书、掌故等）、文学科目变为考据学（代表是汉代学者）。

古人所说的“大学”和今天的大学是一个意思吗

在我国现代的教育体系中，大学时期是作为学生走向社会的一个重要转折期，也是他们知识的关键提升期和重要积累期，上一所名牌大学更是很多学子实现华丽转身、改变自身命运的重要途径。有道是“知识改变命运”，大学对学生的影响是极其深远的。但是，你知道吗？“大学”这一称谓并不是现代才有的，在我国古代就有了，只不过，古时候的“大学”和我们今天所说的大学是大不相同的。那么，这两者到底有什么差异呢？古人眼中的“大学”究竟有什么独特之处呢？

实际上，古时候的“大学”大致包含如下两种含义。其一，和如今我们的大学意义较为接近，是一种被称为“太学”的教育机构。人们聚集在太学里吸收和传播高深的知识和学问，和我们今天在大学里接受高等教育具有异曲同工之妙。具体来说，太学是中国古代的最高学府，在汉武帝元朔五年（前 124 年）兴办设置。太学选拔 5 位最有学问的大儒任教授，称为“博士”，选拔 50 名优秀的青年作为博士弟子，也就是太学生。太学的学习考核课程是儒家的经典教材《诗》《书》《礼》《易》《春秋》，即“五经”。在考试中，太学生若能够通晓其中一艺，便能够被授予咨询官吏的职位，优秀者可充任皇帝侍从，更加优异者可破格提拔。而不好好学习或是“下材”的劣等生，在考核后就会被除名。

其二，古时候的“大学”还有另外一层含义，那就是儒家经典“四书”之一的《大学》。“四书”又称为“四子书”，是指《大学》《中庸》《论语》《孟子》。其中，《大学》是一篇论述儒家修身、齐家、治国、平天下思想的散文，也是一部中国古代讨论教育理论的重要著作。南宋朱熹作《四书章句集注》，把《大学》和《中庸》

《论语》《孟子》并称为“四书”。宋、元以后，《大学》成为学校官方规定的教科书和科举考试的必读书，对古代读书人的治学和做人都产生了至关重要的影响。

时至今日，我们口中的“大学”已经发生了很大的变化，它泛指实施高等教育的学校，包括提供教学和研究条件以及授权颁发学位的高等教育组织，有大学、学院、高等专科学校、高等职业技术学院等组织形式。所以，虽然同为大学之称谓，但是古今之“大学”含义却有很大不同。

“祭酒”是古代的一种学官名称吗

历史总是有很多让人们探索和执迷的地方，而爱好历史的朋友在看历史书籍以及观看历史剧的时候，最感兴趣的一点就是对其中的称谓进行一番考究和钻研。其中，“祭酒”这一称谓就颇有意思。东汉末年，谋士郭嘉的官职便是“军师祭酒”，是曹操倚重的重要智囊之一，史称“才策谋略，世之奇士”。那么，是不是说“祭酒”就是指军师呢？还是说，“祭酒”另有所指？下面，我们就来一探究竟吧！

实际上，祭酒最早是指飨宴时酹酒祭神的长者，即古代祭祀礼仪时浇奠祭祀，执行这个礼仪的人就被称作祭酒。而要当上祭酒却是有严格要求的，不是谁都可以胜任，必须是德高望重的长者。据记载，战国时期著名思想家、文学家、政治家荀子就曾三任祭酒一职。后来，祭酒慢慢地就成了年长位尊者的代称。

到了汉代的时候，祭酒才开始成为官名。东汉时，设置有博士祭酒，为五经博士之首，作为太子官属。《汉书·王莽传中》写道：“为太子置师、友各四人，秩以大夫……又置师友祭酒及侍中、谏议、六经祭酒各一人。”出现了师友祭酒之称。《三国志·蜀书》中也写道：“先主既定益州，广汉太守夏侯纂请宓为师友祭酒，领五官掾，称曰仲父。”同时，王莽执政时期，还把主讲《尚书》的学官称作讲书祭酒。东汉末年，曹操将心腹谋臣郭嘉的官职定为军师祭酒。

到了晋代，晋武帝司马炎设置国子祭酒一职。“国子祭酒”是古代的学官名，是主管国子学或国子监的官员。国子学是中国封建时代的教育管理机关和最高学府，乃晋武帝咸宁二年（276年）开始设置，与太学并立。到了隋炀帝时始称其为国子监，唐宋时亦以国子监总辖国子、太学、四门等学。元代的时候，设有国子学，也称之为国子监。明清时期，仅设国子监，为教育管理机关，兼具国子学性质。清光绪三十二年（1906年），设学部，“国子祭酒”被废除，改为“学部尚书”。

而“国子祭酒”便是古代主管国子监或太学的教育行政长官，是晋武帝咸宁四年（278年）所设，以后历代大都沿用，也就成为国子学或是国子监的主管官员。根据史料记载，唐代的韩愈、明代的崔铣（《记王忠肃公翱事》的作者）都曾担任国子监祭酒一职。看来，所谓的“祭酒”绝非什么军师之意，而是主管教育方面的一个学官名，也与最初的“酹酒祭神的长者”区别开来，两者相一致的地方是都指尊者、德高望重的人。

如此，在“祭酒”称谓的前面加上某种限定，如军师祭酒或是国子祭酒，抑或其他祭酒，指的就是某某方面的首席，即主管该方面或领域的官员。这样看来，这些其实和我们现在常常听到的首席执行官或是首席财务官的感觉有些类似。而曹操把郭嘉的官职定为祭酒，一来是对郭嘉的尊重，二来是表彰他为自己出谋划策，起到教诲指导的作用。

古代也有“博士”“教授”“助教”吗？分别指的是什么

随着教育的不断普及，人们达到的学历以及获得的学位或是职称越来越高，越来越多的人开始关注并接触硕士、博士、教授、助教等。但是，如今也有不少人对这些称谓不甚熟悉，甚至混为一谈分不清楚，尤其是“博士”“教授”“助教”这几个词到底是什么含义呢？在古代的书籍或是历史剧中也常常见到它们，和我们目前的称谓是一个意思吗？

实际上，“博士”是指目前最高级别的学位，拥有博士学位就意味着一个人有能力由学习阶段进入学术研究阶段。“教授”是高等教育机构的教师职称的最高级别，多指大学或是社区学院中执教的资深教师与研究员。“助教”是指大学教师职称的最低等级，是高等学校教员老师中职称低于讲师的一种初级职称，原则上不能单独授课，或不能教授一门学科的全部课程，主要任务是跟随讲师或是教授批改作业，辅助其教学。

而在古时候，其实早就有“博士”“教授”“助教”的称谓。其中，博士最早出现在战国时期。东汉经学家、文字学家许慎在其《五经异义》中写道：“战国时，齐置博士之官。”可见，这时的博士并不指现如今的学位，而是一种官职。同时，不仅仅是齐国，当时的秦、魏、赵等国均设有博士，有的称为“博闻师”，当选博士的人都是博学有才之士。这些博学的“博士”基本上是用来作为君主、帝王的顾问官，也可以看作智囊团成员。秦始皇时，有博士 70 人。到了汉朝的时候，博士沿袭了秦朝的设置，名额有所增加。博士的含义发生了细微的变化，变得更加正式。《汉书・百官公卿表上》就有记载：“博士，秦官，掌通古今。”可见，这时的博士是一种通晓史事的官职，主要就是负责保管文献档案、编撰著述、传授学问、培养人才等。

汉朝的“博士”为太常属官。汉武帝时，设立了“五经博士”，即《诗》《书》《礼》《易》《春秋》各置一名“博士”，专掌经学传授。唐朝时，增设了国子、太学、四门等“博士”。还有“律学博士”“书写博士”“算学博士”，府学、州学以及县学“博士”。魏晋以后，选用精于礼仪的人为“太常博士”，专掌宫廷礼仪；选用通晓音律的人为“太乐博士”，专掌宫廷祭祀享宴作乐歌舞；选用精通医术的人为

“术学博士”“医学博士”；任用精通天文、星历、卜筮之术的人为“天文博士”“漏科博士”“历博士”“太卜博士”“卜博士”等，专掌天文、历法、占卜等事。

在唐代以前，太学中仅设博士一职负责教授学生。到了宋代，中央和地方的学校始设教授，主要负责学校课试具体事务。自宋元到明清，各路、州、县均设有教育官员，其中最高一级便是教授，官阶为正七品。所以，古时的“教授”是指主管学校课试具体事务的学官名。清末，兴办新学，大学设正教员、副教员。1912 年中华民国临时政府教育部公布《大学令》，规定大学设教授、助教授。到 1927 年，南京国民政府教育行政委员会公布《大学教员资格条例》，开始规定大学教员分教授、副教授、讲师和助教四级，沿用至今。

古时的“助教”也是一种学官名。西晋咸宁四年（278 年）立国子学，在祭酒、博士之下置助教十五人，是国子监或太学的学官，协助国子祭酒和国子博士教授生徒，又称国子助教，以后历代均有设置。除北周有太学助教上士、小学助教中士等名称外，一般只称助教。历代国子学（或太学）以及各学，也多设助教，习惯上常连上类属称某某助教，如医学助教、广文助教、律学助教等。助教品秩因朝代和所在之学而有所差异，如唐代国子助教为从六品上，律学助教为从九品上。清代助教初为从八品，后升为从七品。

古代的私塾是不是不教授数学课

和我们现代人普遍接受的学前教育以及学校义务教育相比，古人受教育的过程大多是在一种被称为“私塾”的教育机构完成的。在私塾里面，孩子们进行早期的启蒙，奠定基本的素养，为以后的成长和教育打下坚实的基础。而如今，随着人们对教育理念的探索，在儿童教育问题上有人十分推崇古代的私塾教育，并得到了一些专家学者的认同，也由此带动了家长们的热情，逐渐兴起了很多“现代私塾”。那么，在“现代私塾”热的浪潮中，我们不禁要问，古代的私塾到底都教孩子哪些知识呢？而让不少孩子头疼的数学课，私塾是不是也有设置呢？

实际上，私塾是一种我国古代社会开设在家庭、宗族或是乡村内部的民间教育机构。它是旧时私人（大多是读书人、秀才等）所办的学校，由教书人在自己的宅院或是由其他富人抑或由一村或一族选址设立。但不论施教地点在哪儿，其办学宗旨都主要是启蒙识字，招收的学生也多为6岁到8岁的孩童。追本溯源，春秋时期的孔子创立了私学，是私人办学的先驱，主要的授课内容是“孔门四科”。到汉武帝时期，私塾的主要任务是传授儒家文化。隋唐时期，科举制度的推行驱动了私塾的蓬勃发展，私塾的教学内容也主要是依据儒家的经典来展开。而宋明时期，由于宋明理学家的推动，私塾又增加了伦理教育的内容。

就具体的学习内容来说，古代私塾通用的学习教材有《三字经》《百家姓》《千字文》《女儿经》《教儿经》《童蒙须知》《四书五经》等，教学内容以识字为主，且十分重视学诗作对。当然，私塾的学习内容和学习层次没有统一的要求和规定，自由度比较大，不同年龄学习的内容会有所区别，与私塾老师（大多是不第的秀才）的水平也有直接关系，但这一阶段主要侧重的是让孩子养成良好的道德品质、行为礼节和生活习惯，并不会开设算术课。虽然，算术是一门应用性非常强的基础学科，且作为科目出现的历史较早，如西周教学科目“六艺”中的“数”等，但是私塾却大多不会涉及。

到了近代，私塾教育的内容已无法满足社会发展的需要，一些提倡新学的人认为私塾不开设算术、历史、地理等学科，有知识覆盖面狭窄、教材长期不变、知识僵化等问题。就这样，私塾逐渐淡出了人们的视野，被现代教育机构所取代。

“连中三元”到底是哪“三元”

在古代，人才选拔的重要方式或途径便是科举考试，也称科举取士。这种选拔人才的考试制度始于隋唐，兴盛于明清，是众多学子步入仕途、施展政治抱负的关键途径。常言道：“十年寒窗无人问，一举成名天下知。”高中榜首，成为人中龙凤，是无数学子心心念念的事情。况且，在儒家的思想观念中，向来提倡“学而优则仕”，参加科举考试，一朝扬名，不仅是对自我的肯定，更是光宗耀祖、出人头地的开始。所以，人们对科举考试是十分看重的。其中，在科举考试中最令人称道的莫过于“连中三元”。那么，到底什么是“连中三元”呢？

实际上，“连中三元”对参加科举考试的学子来说是极大的荣耀，人们会以“连中三元”来比喻一个人才高八斗、学富五车，而在科举考试中“连中三元”的人则会得到皇帝的赏识和重用，将来的前途不可限量。而要说“连中三元”，其实是明清时期科举考试制度中的一种说法。在明清时期，科举考试已经十分完备，分为四级，即院试、乡试、会试和殿试。

其中，院试在县、府一级举行，考中的称为“生员”“相公”或是“秀才”；乡试则是每三年一次在各省城举行，只有考取生员才有资格参加，考中的称为“举人”，而“举人”的第一名则称为“解元”；会试由礼部在京城举行，相应地只有举人才有资格参加，考中的称为“贡生”，而“贡生”的第一名则称为“会元”；最后殿试由皇帝亲自主持，是最高级的考试，明代一般在太和殿举行，清代乾隆末年起一般在保和殿举行，考中的称为“进士”，而“进士”按照成绩高低又分为“一甲”“二甲”“三甲”。“一甲”三名，第一名称为“状元”，也叫“殿元”，第二名为“榜眼”，第三名为“探花”。二甲若干名，赐“进士出身”。三甲若干名，赐“同进士出身”。如果一名考生在乡试、会试、殿试中都获得了第一名，接连获取“解元”“会元”“殿元”，那么就称之为“连中三元”。

另外，除“文三元”外，还有“武三元”的说法，也就是连中武科三元。清代长洲人钱棨，在乾隆年间连获乡试、会试、殿试第一名。乾隆皇帝爱才，便亲赋《三元诗》以示祝贺，而“连中三元”的说法也由此而来，并逐渐被人们认可，广为流传。

所以，古时候的科举考试能够“连中三元”者少之又少，屈指可数。也正因如此，它是科举制度对古代读书人或是习武之人的最高荣誉。另外，在剪纸、文具以及装饰图案中也有“三元”的说法，这“三元”是汉族传统的吉祥物，由荔枝、桂圆、核桃构图，图案中的三种果实都是圆形，象征“三元”，寓意考试成绩优异，不断进取，喜报频传。

为什么科举考试取得第一名被称为“独占鳌头”

“独占鳌头”在我们的用词中是一个高频成语，我们常常会用“独占鳌头”这个词来夸赞或形容那些在考试或比赛中取得第一名的人。当然，相类似的词语还有首屈一指、超群绝伦、无出其右等，都用来比喻那些在各个领域获得第一名的人。可是，在用到“独占鳌头”这一成语的时候，你有没有想过，占据首位或是位居第一为什么会如此来称谓呢？“鳌头”和首位又有什么关联呢？

其实，“独占鳌头”出自元代无名氏的《陈州粜米》楔子：“殿前曾献升平策，独占鳌头第一名。”可见，独占鳌头和科举考试有着千丝万缕的联系。事实也确实如此，“独占鳌头”最初就是用来形容科举考试中的情况的。

在科举考试中，最后的一次也是最高规格的考试称为殿试，又叫作御试、廷试，是封建统治者选拔人才和笼络知识分子，维护其统治的一种重要手段。明清时，在殿试结束后，常会有“金殿传胪”的传统，一般在殿试后两天举行。而“金殿传胪”对于读书人来说是至高无上的荣耀。其中，“胪”是陈列的意思，“传胪”就是依次唱名传呼，进殿觐见皇帝。

在这一天，考取的进士会身穿公服，头戴“三枝九叶冠”，恭敬地站立在皇宫门前听候传唤，然后与王公大臣一起进殿分列左右，站在文武百官的后面，肃立恭听宣读考取进士的姓名、名次和籍贯。每唱到一名，就会由多个侍卫接力高声重复从殿内传到殿外。而新科进士听到传唱，就会走到宫殿中间的御道上站定，向高高在上的皇帝叩拜谢恩，代表从此成为天子门生。等若干名二甲、三甲的进士传唱完后，传胪官会专门引导一甲的状元、榜眼和探花，来到皇帝座前的阶下迎接殿试榜。

一甲三人所处的位置是大有讲究的。其中，状元的位置居中，且更加靠前，榜眼和探花则分列两旁，三人形成一个类似三角形的形状。而皇宫殿门前台阶上雕着巨鳌浮雕，状元跪着的地方，正好是巨鳌浮雕的头部，由此也就有了“独占鳌头”的说法。流传至今，这一成语的意义变为泛指占据首位或是在竞争中最终成为第一名的人。

第十章 匕

餐饮膳食

最爱饮茶的朝代是哪个

茶乃中华民族的举国之饮。中国茶文化更是糅合了儒、道、佛等多种哲学思想，自成一体，可谓中国文化中的一朵奇葩，芬芳而甘醇。而饮茶不但是传统饮食文化，还有助防老、养生保健的功能，对人体有诸多的好处。同时，饮茶还能陶冶情操，增进朋友之间的感情和了解。闲暇时，邀三五好友聚在一起，一边饮茶一边聊天，不仅非常惬意也是一件非常有品位的事。因而，饮茶成为许多人生活中不可或缺的部分，有些地方还有每天喝早茶的习惯。那么，饮茶到底是从什么时候开始的呢？最喜欢饮茶的朝代又是哪个？

其实，饮茶在我国具有悠久的历史，而关于饮茶到底源自何时也有众多不同的说法。其中，有人说饮茶源自神农尝百草，也有人说饮茶是古代劳动人民的偶然所得，还有人说饮茶起源于唐朝。要想弄清楚这个问题，我们首要的就是了解我国饮茶的历史。实际上，早在周朝的时候，茶叶就已经作为贡品，被进献给周王室。到了魏晋南北朝时期，上层人士已经开始流行饮茶，使之成为一种风尚了，当时人们都以饮茶作为区分身份的标志。等到了隋朝时期，喝茶在人们生活中已经很普遍了。再到唐朝，饮茶之风已经极为兴盛，茶叶已成为人们生活中的必备品。同时，在社会上开始出现茶馆、茶宴、茶会等饮茶场所和场景，提倡客来敬茶。尤其是唐宋时期，文风兴盛，文人雅士对饮茶更是情有独钟，皆认为饮茶为雅事，还常常以茶写景、以茶抒怀，由此写就的茶诗、茶词、茶歌不胜枚举。

另外，关于茶叶的记载，最早出现在唐朝陆羽的《茶经》当中，说明唐朝时期茶叶已经被人们所熟知，大概同一时期，茶叶也开始作为重要商品出口外国。

通过陆上丝绸之路和海上丝绸之路这两条通往西方的商路，中国的茶叶和瓷器、丝绸等商品被商人们带到了西亚和欧洲的许多国家。后来又经过宋代文人的改良，喝茶被赋予更多的含义，社会中开始流行斗茶、贡茶和赐茶等，极大地丰富了饮茶的文化含义。但是，其实真正对茶的品种、品质的确定和规范，则是在明清时期，在这期间大体确立了现在的茶叶品类的格局，也将喝茶与文化紧密地联系起来，使茶叶真真正正成为家家户户不可缺少的物品，不但用来平日解渴，也用来招待客人、朋友，饮茶之风才大大兴盛起来。也就是说，这个时候，饮茶不再是个别人的事情，不再是用来区别身份或等级、彰显文雅和品位的重要手段，而犹如"旧时王谢堂前燕"已经"飞入寻常百姓家"，成为人们日常居家以及接待客人的重要饮品。

所以，饮茶的盛行经历了漫长的历史时期，不管它究竟起源于何时，现如今饮茶已经成为许多人生活中不可或缺的一部分。作为一种生活方式，它甚至远渡重洋到了异国他乡，被世界上的很多国家所接受，且不断发展。

古代也有对食品安全的规定吗

安全问题一直是人们开展各项事务的首要前提和重中之重，尤其是食品安全，随着人们思想认识的提高和一些食品安全问题的发生，人们越来越关注食品安全问题，总是力求饮食能够更加的安全。而事实上，人们对饮食安全的问题在很早以前就十分重视了。有道是"民以食为天"，饮食的安全性是十分重要的。那么，中国古人对食品安全的态度到底是怎样的呢？又有什么样的规定呢？

实际上，在中国古代，人们很早就认识到食物的重要性。《管子・牧民》则言：

“仓廪实而知礼节，衣食足而知荣辱”，对于朝廷来说，保障百姓食物充足及饮食安全也是维持国家长治久安的关键。正是由于人们对食品安全问题的关心，早在周代就有了一定的食品安全规定。

《礼记》记载了周代对食品交易的规定，这大概是我国历史上最早的关于食品市场管理的记录：“五谷不时，果实未熟，不粥于市。”也就是说，为了保证食品的安全，防止未成熟的粮食和果蔬引起食物中毒，人们严禁它们流入市场。而且，为了杜绝商贩们为牟利而滥杀禽兽鱼鳖，国家还规定，未在狩猎季节和狩猎范围内的禽兽鱼鳖也不得在市场上出售。

到了汉代的时候，汉代的《二年律令》规定：只要肉类已经腐败，吃了有害人体的，就必须烧掉，否则的话，事主和主管官员就要接受处罚。唐代的惩罚措施也非常严厉，唐代法典《唐律疏议》中明文规定：凡是故意以有毒的肉赠送他人或者出售，从而造成他人中毒的，判处一年徒刑；造成他人中毒身亡的，判处绞刑；如果他人在不知情的情况下食用了未被焚毁的有毒食品而造成死亡的，有毒食品的所有者要以过失杀人罪论处，须通过赔偿来获得减刑；如果他人吃了偷来的肉而中毒身亡的，食品所有者也要担责，须杖打九十以惩罚其不按时销毁有毒的肉。而且，宫廷之内也有一套专门的食品安全法令。《唐六典》记载，朝廷设置了专门的监管机构（尚食局）和监管官吏。法律规定，如果把不干净的东西混入宫廷食品，责任人将被流放两年；一般人不得随便出入皇家厨房；若不慎误将有毒药品等物带至御厨，将处以绞刑。

到了宋代，随着社会经济的发展，食品行业非常繁荣，北宋的都城汴梁，大街小巷到处都是兜售食品的商贩。南宋的都城临安有各种各样的食品市场——米市、肉市、菜市、鱼行、南猪行、北猪行、蟹行等。食品行业的鼎盛，同时也带来了食品安全的隐患，监管的难度加大了很多。针对市场上出现的种种乱象，宋朝采取的办法是组织行会，按照行业把商人们组织起来，让商户加入行会，行会要负责监管产品质量，确保食品安全。如果出了问题，行会的负责人，就要承担连带责任。《宋刑统》中规定：肉贩如果无意间出售变质肉，导致他人食物中毒，要把没有卖出去的肉马上焚毁，否则的话，就要杖九十；如果是故意出售变质肉的，就要流放一年；造成严重后果，致人死亡的，要处以绞刑。

可见，在食品安全这一关系人们健康的重大问题上，我国古人很早就意识到了，并且针对这一问题制定了相应的处罚规定，施以“重典”，有些甚至比现在的处罚还要严格。而且，古人在对食品安全进行立法监管的同时，还引入了行会管理，通过行业自律来对食品安全把关并监察不法行为。

早餐中常吃的油条最早和谁有关

金黄酥脆的油条，是中国传统的面点。清晨在早点摊，几根新出锅的油条，口感松软，油而不腻，再配上一碗浓稠的米粥，便是很多人喜欢的早餐搭配。那么，我们在食用油条的时候，有没有想过，油条到底是怎么来的？它最早又是因为和谁有关才流行开来的呢？

相传，油条又称“油炸桧”“油炸鬼”，与南宋时期的秦桧夫妇有很大的关系。南宋绍兴年间，秦桧与老婆王氏因为妒忌和贪婪，设计把抗金名将岳飞害死在风波亭。而听说岳飞将军被害的消息后，百姓个个义愤填膺、怒不可遏，都为岳飞感到惋惜，对秦桧夫妇深恶痛绝。当时，在临安风波亭附近的两个卖早点的摊贩，为了表达自己心中的激愤和不平之气，便各自抓起一个面团，分别捏成秦桧和王氏模样的面人，绞在一起放进油锅里面炸，并称之为“油炸桧”或“油炸鬼”，引来众人的围观。后来，人们为了发泄心中的愤恨，争相效仿，制作“油炸桧”的人越来越多，而且它吃起来也确实口感不错，价格还便宜，所以吃的人也越来越多，从此各地的熟食摊上就出现了“油条”这一油炸食品。

实际上，类似油条的油炸食品的出现要远远早于宋朝。北魏农学家贾思勰在《齐民要术》里就详细记载了油炸食品的制作方法，其中写道：“细环饼，一名寒具，翠美。”可见，这时候虽然有了油炸食品的制作方法，但是并不称其为“油条”，而是“寒具”。

到了唐朝的时候，诗人刘禹锡在《佳话》中也提及了寒具。诗话集《苕溪渔隐丛话》中则说道：“东坡于饮食，作诗赋以写之，往往皆臻其妙，如《老饕赋》《豆粥诗》是也。又《寒具诗》云：‘纤手搓来玉数寻，碧油煎出嫩黄深。夜来春睡无轻重，压褊佳人缠臂金。’寒具乃捻头也，出刘禹锡《佳话》。”只是这种叫“寒具”的油炸食品在形状上与后来我们所见到的油条十分不同。

可以肯定的是，油条是南宋人在油炸食品上的进一步发展和创新，并受到了广泛的欢迎，直至今日。另外，油条在不同的地方也有不同的叫法，如天津称油条为果子；安徽一些地区称油果子；东北地区称大果子；福建等地称油炸鬼；潮汕地区称油炸果；浙江地区则称作天罗筋（天罗即丝瓜，老丝瓜干燥后剥去壳会留下丝瓜筋，其形状与油条极像，遂称油条为天罗筋）。

日常可见的豆腐最早是由谁制作而成的

豆腐在我们的日常饮食中随处可见，是我国素食菜肴的主要原料，向来受到人们的欢迎和喜爱，被人们誉为“植物肉”。而且，豆腐的营养价值很高，除富含蛋白质外，还可为人体生理活动提供多种维生素和矿物质，尤其是钙、磷等。它易于烹饪，口味可浓可淡，和所有食材几乎都搭，是我们的家常菜。那么，我们有没有想过，豆腐最早是谁制作而成的呢？或者说，它的制作蕴藏着什么样的故事？

实际上，豆腐是由我国最早发明、制作，而后传往世界各地的。豆腐的主要原料就是大豆，大豆含有丰富的脂肪和蛋白质。我国是最早种植大豆的国家，也是最早利用大豆制成豆腐制品的国家。而要说到豆腐的制作历史，我们可以追溯到汉代。资料显示，早在两汉时期，淮河流域的农民已经开始使用石制的水磨。当时，人们会把米、豆用水浸泡后放入装有漏斗的水磨内，磨出糊糊摊在锅里做煎饼吃。煎饼加上自制的豆浆，是淮河两岸农家的日常食物。由此，人们种豆、煮豆、磨豆、吃豆，积累了丰富的经验。后来，一次偶然的机会，人们发现豆浆久放会变质凝结，于是产生灵感，用原始的自淀法创制出了最早的豆腐。

而在这个过程中，起到关键作用的是西汉淮南王刘安。据说是他最早创制了制豆腐术。刘安好道，不惜重金招纳方术之士，谈仙论道，著书炼丹。而在炼丹的过程中，他们用山中的清泉水磨制豆浆，又用豆浆培育丹苗，不料仙丹没有炼成，倒是豆浆和石膏起了化学反应，形成鲜嫩绵滑的东西，也就是豆腐的雏形。后来，刘安与方士们又进一步反复实验，终于使豆乳凝固到一块，并为它取了一个好听的名字——菽乳，后来被人改称为“豆腐”。

对此，南宋大儒朱熹在曾经作诗道：“种豆豆苗稀，力竭心已腐。早知淮南术，安坐获泉布。”并在诗末自注：“世传豆腐本乃淮南王术。”与朱熹同时代的杨万里，也曾写过一篇《豆卢子柔传》的文章，副标题即为“豆腐”，其中也提到汉代已有豆腐。后来，这种说法便流传开来，成为共识。

同样在宋代，豆腐作坊在各地如雨后春笋般兴起，对于豆腐以及豆腐制作的记录也越发多了起来。北宋人陶谷撰写的《清异录》，其中《官门》一篇中写道：“时戢为青阳丞，洁己勤民，肉味不给，日市豆腐数个，邑人呼豆腐为小宰羊。”由此可见当时的人们甚至认为豆腐的白嫩与营养价值可与羊肉相提并论，因而又称“豆腐”为“小宰羊”。宋代寇宗奭《本草衍义》则记载：“生大豆……又可硙为腐，食之。”南宋诗人陆游在其《老学庵笔记》中写道：“嘉兴人……开豆腐羹店。”由此可见，自宋以来，豆腐已经是备受大众喜爱的日常食品了。

所以，我国食用豆腐的历史是十分悠久的，也正是因为豆腐的美味和营养价值高，才使得豆腐一直流传至今，备受人们的喜爱。而且，不同的地方也涌现出了不同特色和口味的豆腐制品，如豆腐的鲜货制品、豆腐的发酵制品等。

北方的“元宵”和南方的“汤圆”是一种食品吗

元宵节又称上元节、小正月、元夕或灯节，是春节之后的第一个重要节日。按中国民间的传统，在这一天的晚上，皓月当空，人们要点起彩灯万盏，以示庆贺。人们出门赏月、燃灯放焰、喜猜灯谜、共吃元宵，合家团聚、同庆佳节，其乐融融。尤其是吃元宵，是元宵节千百年来留下的节日传统。人们都把吃元宵和看烟花当作最主要的活动。不过，对于元宵节的习俗，南、北方有一个很大的不同。那就是，北方人在这一天吃的特色食品是“元宵”，南方人则吃的是“汤圆”。那么，北方的“元宵”和南方的“汤圆”到底是不是一种吃食呢？若不是，它们两者又有什么区别呢？

“元宵”和“汤圆”二者虽然模样有些相似，但实际有很大区别。它们最主要的区别在于制作手法的不同。首先，对于元宵来说，它是以馅为基础制作的，大致的过程是先拌馅料，馅料拌匀后摊成大圆薄片，晾干后将馅料切成乒乓球大小的立方块。接着，再将馅块过水蘸湿后放进像是一个大筛子的容器里，里面盛放着糯米粉。然后，随着不断摇动，馅料在不断地相互碰撞中就会变成球形，并且粘上容器里的糯米粉，最终形成我们常见的元宵的样子。糯米粉层很薄，表面是干的，下锅煮时糯米粉会吸收水分变糊。

而南方汤圆的制作方法则与元宵有所不同。相比较来说，汤圆的制作更像是北方的包饺子。大致的制作过程是，事先将糯米粉加水和好面团，擀成面皮，然后把做馅的各种原料均匀搅拌后放在一个大容器里待用，接着便像包饺子那样把馅料包起来就可以了。不过，包汤圆的过程中不使用擀面杖，而由于湿糯米粉黏性比较强，只好用手揪一小团湿面，挤压成圆片形状。用筷子（或薄竹片状的工具）挑一团馅放在糯米片上，再用双手边转边收口做成汤圆。如此，做得好的汤圆表面光滑发亮，有时还会留一个尖，使之呈桃形。

从元宵和汤圆的对比中，我们可以发现，元宵是“摇”出来的，而汤圆是“包”出来的。而且，由于制作工艺的不同，元宵在煮的时候容易乱汤，汤圆皮面润滑、馅流动性较好故不会出现这种情况。但也正是因为元宵皮面松软，使其除了煮食以外还可以有油炸、拔丝、蒸烤等多种食用方法。同时，汤圆的馅含水量比元宵要高，这也是两者的重要区别之一。

所以，在元宵节这天所吃的北方的“元宵”和南方的“汤圆”不仅不是同一种吃食，而且制作工艺方面还有很大的不同。其实，这点也很好理解。虽说元宵节是我国重要的传统节日，这一天不管是北方还是南方都会很热闹，但常言道，“百里不同风，十里不同俗”，南、北方在具体的节日习俗上又表现出了很大的差异，具有鲜明的地域特色。就元宵节的食品来说也是如此。但不管怎样，无论人们在这天吃什么，它都代表着全家团圆、和睦的美好意愿。

备受喜爱的辣椒最初是产自我国吗

辣椒是我们日常饮食中极为常见的调味品，受到大多数人的喜爱，尤其是地地道道的四川人，更是无辣不欢。而且，食用辣椒能够增强肠胃蠕动，促进消化液分泌，增进食欲。而辣椒中维生素 C 的含量也在蔬菜中位居第一，它还有预防胆结石、改善心脏功能、降低血糖等功效。所以，辣椒在我们的饮食中占据十分重要的地位，甚至在成都火锅中成了一种“主菜”。那么，辣椒究竟是从哪里来的呢？是不是我国的特产呢？如果不是，它又经历了怎样的一个传播过程？

实际上，辣椒并非中国特产，而是原产于北美洲的墨西哥，在中国栽培只有几百年的历史。而在我国古代文献中出现很早的“椒”最初并不是指辣椒。“椒”最早是指花椒，它的果皮具有辛辣的味道和香气，在中国古代很早就成为不可或缺的调味品了。《诗经・唐风・椒聊》就曾提到花椒，诗中写道：“椒聊之实，蕃衍盈升。”说明花椒结的果实很多。《九歌》中“奠桂酒兮椒浆”的“椒浆”就是用花椒果实泡的酒。

到了东汉的时候，随着中国和印度之间的交通和贸易往来，中国人又得到了具有辛辣味的胡椒。西晋史学家司马彪的《续汉书》中记载：“天竺国出石蜜、胡椒、黑盐。”西晋文学家张华在《博物志》中也记载了“胡椒酒”的制作方法。到了唐代，胡椒在中国饮食文化中已经具有相当重要的地位。但因为中国大部分地区无法种植这种热带作物，以至于它在很长一段时间内始终只是一种贵重的异域香料。

后来到了明朝弘治六年（1493 年），从美洲返程的哥伦布首次把辣椒带到欧洲，但是由于西班牙人感觉它的辣味很像胡椒，于是仍旧称其为“胡椒”。这种称呼上的混淆后来便随之传到了西方其他国家，以至于英语中的 pepper 一词既可以指胡椒又可以指辣椒。而辣椒传到中国的最早记录则出自明代戏曲作家高濂的《遵生八笺》，时间是明神宗万历十九年（1591 年），该书记载的名称为“番椒”，描述是“丛生，白花，子俨秃笔头，味辣色红，甚可观”。后来，明代农学家王象晋在其《群芳谱》中也有对“番椒”的记载，其描述是“亦名秦椒，白花，实如秃笔头，色红鲜可观，味甚辣，子种”，内容和《遵生八笺》大致相同。

据学者们推断，当初辣椒最早是通过海路传入浙江地区，然后主要沿着两条路线再从浙江传入其他地区。其中一条路线是沿京杭大运河向北到达直隶（今河北），另一条路线是经江苏沿长江向西传入湖南，再以湖南为中心向周边扩散，南传至两广一带，西传至贵州、四川，再进一步传入云南。如此，直到清嘉庆年间，湖南、四川两地才普遍以辣椒作为食材或是调味品，而到 19 世纪后期，以辣椒调味为特色的湘菜和川菜菜系才最终得以形成。也就是说，中国人广泛吃辣的历史其实只有两百多年。而如今，辣椒在中国各地已经被普遍栽培种植，成了一种大众化的食材和调味品。

第十一章

礼节礼仪

《周礼》中的“五礼”之说具体指的是什么

中国礼仪文化源远流长，博大精深。儒家经典、十三经之一的《周礼》被后世奉为“古制”，延续了几千年，对历代礼制影响深远。《周礼》还和《仪礼》和《礼记》合称“三礼”，它记载了先秦时期社会政治、经济、文化、风俗、礼法诸制，对礼法和礼义等做了权威的记载和解释，并制定了礼仪制度的基本结构，还将“礼”划分成了五类，又称“五礼”。那么，你知道《周礼》中的“五礼”之说究竟指的是什么吗？

原来，所谓的“五礼”即中国古代礼制的总称，主要是指吉礼、凶礼、军礼、宾礼和嘉礼。其中，吉礼位居“五礼”之首，也就是祭祀之礼，被认为关系到国运之兴盛、宗族之延续，十分重要。按照祭祀的内容来说，吉礼即祭祀天神、地祇和人鬼的礼仪活动。祭祀天神包括祭祀昊天上帝，祭祀日月星辰，祭祀司中、司命和雨师，在祭祀活动中最为隆重；祭祀地祇包括祭祀社稷、五帝、五岳，祭祀山林川泽，祭祀四方百物，也就是诸小神；祭祀人鬼，主要是对祖先的祭祀，包括祭祀先王、先祖，春祠，秋尝、享祭先王、先祖。

凶礼，是跟凶丧有关的一系列礼节，包括丧葬还有其他一些和灾难有关的礼节。具体来说，有丧礼、荒礼、吊礼、禬礼、恤礼五者。其中，丧礼是指哀悼死者的礼仪，也就是与自己有着不同关系的人死亡后，自己按照名分服丧的礼节。我国古代对丧葬礼仪向来十分重视，认为这是子孙尽孝的重要表现，国君和贵族在这方面的要求更加严格，可以说十分烦琐。荒礼是指国内某一地区发生自然灾害，诸如饥荒、瘟疫等变故，天子与群臣应有减膳、撤乐等礼仪，并采取相应的救灾措施。当时所采取的有关措施包括救济、薄征、缓刑、减力役、开放禁区让百姓采集捕捞等。这些都是救荒的行动，在今天已经跟礼仪无关了，但在当时却是非常重要的。吊礼是指对遭受水旱、地震等灾害或出现日食、月食等现象的地区表示哀悼和慰问，在这个时候往往会举行祈禳活动，以求除祟去祸。襘礼是指在别国遭受侵略或动乱造成重大损失时，与之结盟的国家要派出使臣，筹集物资去救助。恤礼是指对遭受不幸的国家表示慰问、抚恤的礼仪。

军礼则是与军事有密切关系的礼仪制度，主要有大师之礼、大均之礼、大田之礼、大役之礼、大封之礼。其中，大师之礼是指天子或诸侯出征讨伐，要求军队行止动容，自有其礼法和威仪。大均之礼是指天子在京畿重地或诸侯在封国内检校户口、征收赋税等。大田之礼是指古代诸侯亲自参加四时田猎，以及因田习兵，检阅车徒等，分别称为春蒐、夏苗、秋狝、冬狩。主要目的是检阅战车与士兵的数量，作战能力，训练战争中的协调配合。大役之礼是指国家为建筑王宫城邑等营造、修建土木工程，而大兴徒役。要求根据民力的强弱分派任务。大封之礼是指勘定各种封地之间的封疆，树立界标。

宾礼是指周天子款待来朝会的四方诸侯和诸侯派遣使臣向周王问安的礼节仪式，有着朝、宗、觐、遇、会、同、问、视等一系列礼仪制度。其中春天朝见的礼仪称为“朝”，夏天朝见的礼仪称为“宗”，秋天朝见的礼仪称为“觐”，冬天朝见的礼仪称为“遇”；会礼是指天子对诸侯兴师问罪的礼仪；同礼是指天子12年没有出巡，四方诸侯同来朝会的礼仪；问礼是指诸侯不定期派遣下大夫作为使臣朝见天子的礼仪；视礼是指诸侯派遣卿一级的官员作为使臣朝见天子的礼仪。

嘉礼是指饮宴婚冠、节庆活动方面的礼节仪式，主要包括饮食、昏冠、宾射、飨燕、脤膰、庆贺六大类。其中，饮食礼是各级贵族和庶民的饮酒礼和食礼，历代常以饮酒礼作为推行教化的手段；昏冠礼主要分冠礼和笄礼，冠礼是指男子的成年礼仪，男子加冠后即被认为成年，一般是 20 岁，“笄礼”则是女子在 15 岁许嫁时举行的成人礼仪，由女性家长主持；宾射礼是指举行射箭比试活动中分宾主、按照等级应遵循的礼仪；飨燕礼是指以酒肉款待宾客之礼，飨礼在太庙举行，虽设酒肉，但并不真的吃喝，肉也不煮熟，不能食用，重在仪式，用以明君臣之义、贵贱等差；脤膰礼是指天子和诸侯在重大祭祀活动结束之后，向臣工赏赐祭肉的制度；贺庆礼是指遇到喜庆之事而进行庆贺的礼仪。

上述内容便是《周礼》中提到的“五礼”。事实上，事业非礼不能兴旺，社会非礼不能安定，国家非礼不能强盛，礼仪能够对人们的行为规范进行指导，不仅仅是一种文化积淀，更是社会秩序稳定的保障。所以，明礼是十分重要的。

情深义重的“八拜之交”究竟是哪“八拜”

在生活以及影视剧中，我们常常会听到“八拜之交”这个词，它指的是旧时世交子弟见对方长辈的礼节。那么，你在听到“八拜之交”这个词的时候，有没有想过所谓的“八拜”具体是哪“八拜”呢？或者，这是一个概说还是确实朝八个方位拜，还是有其他的说法？

实际上，“八拜”语出邵伯温《闻见录》：“公至北京，李稷谒见，坐客次，久之。公着道服出，语之曰：‘而父吾客也，只八拜。’”又《西厢记・张君瑞闹道场》：“与小生同郡同学，当初为八拜之交。”可见，“八拜之交”是我国旧时汉族社会的一种交际文化，后世又用来指代异姓结拜的兄弟姐妹。

“八拜之交”作为一种拜谒长辈的礼节时，主要是指拜的八个方位。这八个方位就是：东、东南、南、西南、西、西北、北、东北。在谒见具有世交关系的对方长辈时，人们为了表示敬重，就要行八拜之礼，也就是要按照不同的方位行八次跪拜之礼。显然，这个礼节在人与人之间的基本礼仪中是比较隆重的。

现在，“八拜之交”更多的是指具有深厚情谊而结拜的异姓兄弟姐妹。而这八拜则包含了八种感天动地的友谊。具体来说，这八种友谊包括：管仲和鲍叔牙之间的管鲍之交、伯牙和钟子期之间的知音之交、廉颇和蔺相如之间的刎颈之交、羊角哀和左伯桃之间的舍命之交、陈重和雷义之间的胶膝之交、张劭伯和范式之间的鸡黍之交、孔融和祢衡之间的忘年之交、刘备和张飞以及关羽之间的生死之交。当然，对于这具体的“八拜”也有不同的说法。有人在这里面又加入了刘备与诸葛亮的鱼水之交、梁山好汉的忠义之交等。

由此可见，“八拜之交”的情谊是十分深厚的。也正是这份深厚的情谊使彼此因为志趣相投而走到了一起。后来，人们便沿用了这一说法，并用“八拜之交”称呼结拜的兄弟，表达彼此间的情谊。但是，具体到八拜之交的细节其实就比较简化了，更重要的是情感方面的寄托，是一种情投意合、重情重义的表达方式。所以，如今人们对“八拜之交”的理解就是重情重义的结拜之情。

古代男子为什么在取名之后还要有“字”

我们在学习古代诗词或是接触到中国传统文化的时候，常常会发现一个十分奇特的现象，那就是许多古人不仅有名，还会有“字”，有的甚至不止一个“字”。可在我们今天看来，名字是个统一的整体不可分割，名字只是一个单纯词。那这到底是怎么回事呢？古代人为什么在取了名之后还要加“字”呢？或者说，“名”

和“字”到底有什么联系和区别呢?

原来，在古时候，“名”和“字”是有不同意义和指向的。“名”是“名”，“字”是“字”，它们有各自独立的意义，不能混为一谈。而要追本溯源，古代人在取名之后再取“字”，早在春秋战国时期就已经是一种十分普遍的现象了。根据《礼记·曲礼》上的记载，男子在满 20 岁以后就可以行加冠之礼，表示成年，而男子成年后家中的长辈就会另外给他取一个与本名含义相关的别名，称之为“表字”或是“字”，以表示其德行或是本名的意义。而且，“字”与“名”虽然有所不同，但是却有着十分密切的关系，一般来说，“字”往往是对“名”的补充或解释，这就叫“名字呼应”、互为表里。所以才称之为“表字”。如，赵云字子龙、岳飞字鹏举等。

相应地，女子则要在满 15 岁以后行了笄礼之后才能够取“字”。所以，不管是男还是女只要到了成年，并且有一定的身份和地位都可以取“字”。因而，古代人取“字”也是一种身份有别的象征。人们在孩子成年后为其取“字”的主要目的也是让人能够尊重他，在他人称呼的时候使用。

也正是因为这样，在男子成年以后，人们便不再直呼其名了，尤其是同辈或是属下在称呼尊长的时候只能称呼他的“字”，而不能直呼其名。当然，在取“字”的时候也要特别注意，不能冒犯长者或者身份、地位高的人的“字”，否则就是忌讳，就会不合规矩。比如，东汉大文学家蔡邕的女儿蔡文姬，名琰，原字昭姬，但是晋时为了避司马昭讳，改字文姬。

所以，取“名”之后再取“字”是一种时代的印记，是人成长到一定年龄后的标志，也是一种身份的象征。唐宋时期，受佛教盛行的影响，读书人的称呼也越来越讲究，除称字来表示尊敬外，有越来越多的文人雅士喜爱给自己起号。我们在翻阅唐宋以后的名人的诗文时候会发现，不少文人雅士都有自己的“号”，而且“号”和名不一定有意义上的联系，可以是两个字，也可以是三个以上的字，但不管字数多少都是能体现出他们的品格、志趣或成就的。

不过，随着时代的发展，现代社会已经很少有人使用“字”和“号”了，现如今名字已经成为一个统一的整体和通行称谓。只是有些喜爱传统文化的人还会拥有“表字”或是“号”。想来，这也是时代发展的印记。

古代的座次以什么方位为尊

中国是礼仪之邦，讲礼仪，循礼法，崇礼教，重礼度，守礼仪，是中国人数千年的传统。有道是“不学礼，无以立”，礼便是人们行为的规范和尺度，若是不明礼仪就会给自己带来诸多的麻烦。就拿古时官场宴会的座次来说吧，不同身份、地位、年龄、性别的人在安排座位的时候都是要讲究一定秩序的，就连现在较为正式的宴饮场合，座次也是有讲究的，若是不注意自己的座次，就可能会闹出笑话。那么，古代的座次到底有什么讲究呢？以什么方位为尊位呢？

其实，古时的座次是十分讲究的，非常注重尊卑有别，且要求严格。官场上，身居高位者在宴席中要尊居上位，官位低微者则要处于下位。若是乱了位次就会招致严厉的惩罚甚至是贬谪。而中国古代的宴饮场合也是十分讲究座次的，宴席上的座次之礼在古时候又被称为“安席”。据历史记载，汉高祖刘邦当初为沛县泗水亭亭长的时候，就曾在县令的群豪宴会上旁若无人地“坐上座”。当时是席地而坐，“上座”即是宴席的尊位，也就是“席端”。不过，后来随着饮食的基本器具——几案、餐桌椅形制的历史演变，“上座”的方位也发生了变化。比如，两汉以前“席南向北向，以西方为上”，即以面朝东坐为上、为尊。这在《史记·项羽本纪》中的鸿门宴座次中可见一斑。据记载：“项王、项伯东向坐，亚父南向坐，亚父者，范增也。沛公北向坐，张良西向侍。”

不过，古代的建筑通常是堂室结构，前堂后室。在堂上举行的礼节活动则是南向为尊，次为西向，再次为东向。皇帝在和群臣聚会时，他的座位一定是坐北向南的。而越靠近皇帝的官位就越大。正因如此，古人常把称王称帝叫作“南面”，称臣叫作“北面”。但古代的建筑大都是东西长而南北窄，所以室内最尊的座位是坐西朝东，其次是坐北朝南，再次是坐南面北，最卑是坐东朝西。

先秦时，古人的观念是左主吉、右主凶，即以左为上为尊，以右为下为卑。因此，在宴饮座次上，以左为尊，空着左边的位置以待宾客称“虚左”。如《信陵君窃符救赵》所言：“公子于是乃置酒大会宾客。坐定，公子从车骑。虚左，自迎夷门侯生。”其中“虚左”来表现信陵君对侯生的尊敬。时至今日，我们仍有“虚左以待”一语。

但是秦汉以后，人们的观念发生了变化，崇尚地道、人道的观念发展了起来，所谓“人道尚右，以右为尊”，就这样，在当时的社会、历史等多种因素综合作用下，逐渐演变成了以右为尊。“左迁”即表示贬官。如《廉颇蔺相如列传》中所言：“以相如功大，拜为上卿，位在廉颇之右。”如右丞相要比左丞相的官位大。所以，这时又以右为尊。

隋朝以后，一般宴席用的是八仙桌，桌朝大门，其座次尊卑为：位尊者坐朝大门的席位，右为主人席位。如果客多，可设两桌、三桌或更多，上桌和散座也有细微的区别，其中上桌与单席的位次相同，散座则不分席次。

如今，就一张餐桌的具体座位来说，目前中餐通行的规范是：主人坐于上方的正中，主宾在其右，副主宾居其左，其他与宴者依次按从右至左、从上向下排列。可见，座次的尊卑有一定的时代差异。当然，不只是时代差异，还有地区分布上的不同，不同的地方在座次的尊卑上也是不同的。所以，具体以哪个位置为尊，我们还要具体分析不同的历史时期和地区风俗。

古人结婚时的“六礼”都具体包括哪些

婚姻是人生中的大事，它不仅仅是爱情修成正果的标志，也预示着人生一个新的开始。而且，结婚除有甜蜜外，还有一系列的礼仪，不同的地方规矩也不同。不过，关于婚姻的礼仪，在中国古代很早就有了十分详细的规定，即“六礼”，现今部分地区仍有这个习俗。那么，古时候结婚的“六礼”都包括哪些呢？

相传中国最早的婚姻关系和婚礼仪式从伏羲氏制嫁娶、女娲立媒约时就开始了。根据《通鉴外纪》记载：“上古男女无别，太昊始设嫁娶，以俪皮为礼。”从此，俪皮，也就是成对的鹿皮，便成了经典的婚礼聘礼之一。之后，除“俪皮之礼”外，还须“必告父母”。到了夏商时期，又先后出现了“亲迎于庭”“亲迎于堂”等的仪节。周代的时候，结婚礼仪已经逐渐形成了一套系统完整的礼仪制度，《仪礼》中对此有详细规制，整套仪式合为“六礼”。此后，“六礼”便成为华夏传统婚礼的礼制规范。

具体来说，“六礼”是指由求亲、说媒到迎娶、完婚的手续，主要包括纳采、问名、纳吉、纳征、请期和亲迎六项内容。其中，纳采也就是求亲说媒，即男方家请媒人去女方家提亲，女方家答应议婚后，男方家用一只大雁向女方家正式求婚。因为大雁的配偶终生专一，所以用来象征坚贞和谐。不过，纳采从汉代起，就不再仅限于送雁了，但雁仍是最重要的一种。后来，就连雁也不送了，而是以其他的礼物代替，且都有不同的象征意义。而且，不同的朝代对于纳采礼的多寡也根据身份品级的不同而有一定的规定。

问名又称为合八字，也就是男方行纳采礼后，再托媒人向女方问清姑娘的名字和出生年月以及生辰八字，以便男方据此来问卜，看双方的八字是否相合、吉凶如何，是否能够成婚。问名也需携带礼物，一般也是用大雁。不过，后来问名的范围变得更广了，有时还涉及门第、职位、财产以至容貌、健康等多个不同的侧面。

纳吉是指男方在问名、到宗庙里合八字后，看双方的结合是凶兆还是吉兆，若得出的结果是吉兆，便再备礼请媒人去通知女方，表示要订婚的礼仪。这时携带的礼物仍是大雁，因而又称为奠雁礼。经过纳吉之后，婚事基本上就定下来了。后来，纳吉有以合婚的形式代替的，也有融合在问名和合婚过程中的，民国的时候甚至没有了纳吉礼，只是简单地将女方庚帖放置灶神前，如三日内无发生异事，则认为顺利，就拿男女庚帖去合婚。

纳征也称“纳成”“纳币”“过大礼”，是指男方选定吉日到女方家中送聘礼。至于聘礼的多少，则取决于女方的贫富和身份。一般来说，男家请媒人向女家转送三样聘礼：深红和浅红两种颜色的衣物，叫“玄纁”；五匹长帛，叫“束帛”；一对鹿皮，叫“俪皮”。其实，从礼制层面上讲，纳征不在数量而重在形式，纳征的完成则标志着订婚阶段的结束。之后，就要商量婚期。

请期俗称“送日头”或是“提日”，也就是择期完婚，男方选择好结婚的日期后，请媒人带着大雁通知女方，和女方商量迎娶的日期。经女家复书同意，男家以礼书、礼烛、礼炮等送女家，女家即以礼饼分赠亲朋，告诉出嫁日期。一般来说，旧时人们对吉日的选择是相当考究的。一般多为双月双日，不喜选三、六、十一月，因为三有散音，不选六是因为不想新人只有半世姻缘，十一月则隐含不尽之意。

亲迎则是指婚礼当天，男方带着迎书亲自到女方的家中迎娶新娘的礼仪。在成婚日，或是由新郎亲自到女家迎娶新娘，或是由男方派遣迎亲队伍迎娶，新娘在家等候。后来，亲迎礼的形式也变得多样。清代的时候，新郎亲迎，披红戴花，或乘马，或坐轿到女家，由傧相引导着拜见岳父母以及诸亲。新娘跟随出来，由其兄长等用锦衾裹抱至轿内，新郎驾驭新娘礼车，亲手将上车用的挽索递给新娘，新娘上车坐好，新郎驾车，车轮转了三周，新郎就下车，将车交给车夫驾驭，新郎乘坐自己的车先行，到自家大门之外等候。女家亲属数人伴送，称为“送亲”。

没有机动车辆的古代也有交通规则吗

俗话说：“没有规矩不成方圆。”社会在不断发展的过程中总是要订立许许多多的规矩和制度，以此来规范人的行为，应对新出现的情况，从而保证社会稳定有序发展，而这也是礼仪的一个重要方面。比如，在日常出行的交通中，遵守交通规则就是一种交通礼仪，常被视为文明的标志。那么，我们不禁要问，在我国古代没有汽车、摩托车等各种机动车辆，是否也有关于交通方面的礼仪规制呢?

其实，交通礼仪自古有之。人们出行有了一定的交通工具，就必然需要交通礼仪和规范，否则就会十分混乱。而早在先秦时期，人们就已经制定了一定的交通礼仪规范。其中，《礼记·王制》中就规定：“路途，男子由右，妇人由左，车从中央。”也就是说，出行的时候，男子要靠右走，女子要靠左走，车辆则在道路中央通行，以此确保交通安全和秩序井然。到了唐朝的时候，外出行走方面的礼仪规定变得更为严格，如要求行人车辆在进城时必须靠右走，出城时则要靠左走。而这一礼仪规定事实上是来源于古代军队的队列规定。古时候，当两支军队在行进中相遇，因为士兵都是右肩扛着矛或其他兵器，只得把左面让给迎面而来的军队，自动靠右边行走。而且，唐朝的《唐律》还明确规定任何人不得因公私理由在街道、小巷中策马或驾车疾驰，否则将会受到重罚。此外，客船、商船的载重量也有明确规定，如果超出规定数量也要受罚。不仅如此，唐朝的《仪制令》堪称我国最早的交通法规，这种法规始于唐代，兴盛于宋代，具有强制性。

我国古代的交通工具相当复杂，大致有车、船、轿子、牲口几大类。其中，车类主要有太平车、囚车、陷车等；船类主要有官船、哨船、渔船、快船、战船、大小海鳅船（也属官船）等；轿子类主要有山轿、兜轿、凉轿、暖轿等；牲口类主要有马匹、驴、骡等。面对交通工具混杂，秩序混乱的现象，宋太宗太平兴国八年（983 年），朝廷下诏，令京都开封及各州，在城内主要交通路口悬挂木牌，上书《仪制令》作为交通规则，人人都要遵守。

到了南宋，这一交通规则又由各州扩大到各县，而且由悬挂木牌发展到刻石立碑永久示人。比如，今陕西灵崖寺就存有石刻的实物，上面刻有“仪制令”，还有四行小字：“贱避贵、少避长、轻避重、去避来。”这也就是说，当时一般平民要给当官的让路，年轻的要给长者让路，载重轻的车要给载重重的车让路，出城的要给进城的让路。过去没有专门掌管交通的“警察”，主要靠人们自觉。不难发现，这一交通礼仪和我们现如今强调的“礼让三先”即“先让、先慢、先停”有异曲同工之妙。

到了清代，交通礼仪规范主要体现在轿子这个交通工具上。轿子的轿顶根据等级被划分为不同的类型，主要有金顶、锡顶等；行人见到轿顶，便能够知道乘轿的是哪个等级的官员。当两轿相遇的时候，官职小的应该礼让官职大的。

而交通礼仪发展到今天，就更加具体了，由于新的交通工具的出现以及文明的发展，人们对交通礼仪规范的重视程度相较于以前也有很大的提升。这一方面是出于安全快捷的考虑，另一方面是为了彰显文明素养。一个城市的文明，首先体现在人们的出行上。所以，人人都要文明交通。

古人见到比自己地位高的人时，在行走中要注意什么礼节

在中国古代，礼仪向来被人看重，它不仅仅是人与人之间表示情谊的工具，更是统治阶级区分尊卑贵贱，维护统治秩序的重要手段。只有每个人都能够按照礼仪的规范和要求来做，不逾矩，社会才能安定和谐，统治才能够稳固。其中，最能体现统治阶级意志的一项礼仪莫过于“趋礼”了。那么，到底什么是“趋礼”呢？或者说，“趋礼”有什么特别之处呢？

实际上，古人当见到比他地位高的人时，在行走中所行的礼仪便是“趋礼”，即地位低的人在地位高的人面前走过时，一定要低头弯腰，以小步快走的方式对尊者表示礼敬。可见，趋礼是一种表示敬意的礼节，常用于臣子对君主、学生对老师、晚辈对长辈、卑贱者对高贵者。比如，《礼记·曲礼》中说：“遭先生于道，趋而进，正立拱手。先生与之言则对，不与之言则趋而退。”再如，孔子的例子，“子见齐衰者（穿丧服的人），冕衣裳者（穿正式礼服的人）与瞽者（盲人），虽少，必作；过之（经过的时候），必趋”。

其实，“趋”在《释名》中的解释是“缓行曰步，疾行曰趋，疾趋曰走”，可知趋的速度是介于走和跑之间，基本类似于小跑，而且小跑的时候两臂还要张开。对此，《论语·乡党》篇中在记录孔子会见宾客和面见君主时为“趋进，翼如也”。同时，这种礼节产生得非常早，至少在春秋战国的时候就很普遍了。《战国策》中的名篇《触龙说赵太后》中写道：“左师触龙愿见太后。太后盛气而揖之。入而徐趋，至而自谢……”触龙年老体弱，去见赵太后时仍需“徐趋”，可见“趋礼”的要求是非常严格的。而“趋礼”在当时也是有礼的表现，行走坐卧若是不讲规矩，

就有失贵族的身份。

不过，有三种情况是可以免行趋礼的，即“帷薄之外不趋（因为已经离开尊者和长辈的视线），堂上不趋（因为狭窄跑不开），执玉不趋（玉是贵重的礼器，持玉行走时必须谨慎）”。除这三种情况外，还有一种御赐的殊荣可以不用趋礼。在《史书》中记载比较早的是《史记·萧相国世家》，因为萧何功劳很大，汉高祖刘邦特地给了萧何“剑履上殿（佩剑穿鞋去见皇帝），入朝不趋，赞拜不名（召见的时候，不喊名字）”的殊荣。在此之后，获得这种待遇的还有王莽、梁冀、董卓、曹操、司马懿、萧衍、侯景、杨坚、朱温等。

另外，这种行走的礼节在古代一直得到传承，到了清朝的时候还十分盛行。根据《清史稿》的记载，乾隆在内禅给嘉庆的典礼中就有“太上皇帝御中和殿升座，嗣皇帝殿内西乡立，鸿胪寺官引执事大臣按班，不赞，行九叩礼。侍班者趋出，就外朝位，中和韶乐作，奏元平章”的描写。所以，“趋礼”在中国古代是一种十分重要的行走礼，也是体现尊卑身份的重要标志，尤其是对于处于尊位的人来说，这是自身权威的体现。而在传统行走礼仪中，还有“行不中道，立不中门”的规矩，也就是说在走路的时候不能走在路中间，应该靠边行走；站立不能站在门中间。这样既是对尊者的礼敬，也能够在一定程度上避让行人。

清朝时风行的“打千儿”究竟是种什么样的礼仪

古时候，人们见面时为了表示对他人的尊重，往往会行一些礼，如见到皇帝要行三拜九叩的大礼，见到长辈或是大官要跪拜，见到平辈要作揖问好，如此长幼尊卑有序，在不同的场合针对不同的对象施以不同的礼节。而到了清朝的时候，兴起了一种十分有趣的请安礼，叫作“打千儿”。那么，清朝流行的“打千儿”到底是一种什么样的请安礼呢？

实际上，“打千儿”是清朝男子下对上请安问好的通行礼节，是最常见的请安礼，也是清代满族人特有的礼节，又称为“打佥”。当时，请安礼主要可以分为“打千儿”“问安礼”“跪安礼”“蹲安礼”几种。而“打千儿”的具体的姿势是：施礼者先要掸下左右袖头，然后左腿向前迈半步，左膝前屈，上体稍微向前倾，俯身低头，右手则做出下垂的动作，是介于作揖和下跪之间的一种礼节。

不过，对于“打千儿”男女在具体行礼的时候是有差别的。相比于男性的“打千儿”来说，满族女性大多会选择穿一种形状如花盆底的鞋子，穿上这种鞋子以后，行动会有所限制而不灵便，所以在打千行礼的时候，常常是左右脚稍微前后相错，双手交叠放在腰间轻轻一蹲即可，不会像男性“打千儿”那样动作幅度较大。在一些影视作品中，我们也能够看见这种“打千儿”礼，只不过有时候表现得比较夸张也不够准确。

在清代的满族人中，一般晚辈见到长辈的时候要行这种礼节，儿女久别父母后见面也要行此礼，下级见到上级的时候要行此礼，老人之间或是平辈为了表示尊敬有时也会行这样的礼，不过在一方向另一方“打千儿”时，对方也要同时“打千儿”，又称为“答千”。

关于“打千儿”礼的由来，一种说法是最早来自明代的军礼，据《大明会典》记载，当时全国的指挥使司以及各卫所使用的都是这种礼节。因为，军士身披甲胄，不便向上级军官行跪拜之礼，所以由跪拜简化为屈一膝或半膝，时间一长就成为固定的礼节。建州女真习得此礼，努尔哈赤建国后保留了下来，八旗人家的晚辈拜见长辈，奴仆见到主人，或是亲友相见的时候，都会行“打千儿”礼。

还有一种说法是，这种“打千儿”的礼节产生于辽金时代，是满族人对尊长，或是下级对上级施行的礼节，平辈相见为了表示尊敬也用此礼。到了清朝的时候，“打千儿”礼便越发流行了。其实，不管“打千儿”礼的由来如何，它都是满族人尤其是旗人之间的一种重要礼节，而且这种礼节一直维持到近代才逐渐消亡。

第十二章

节日习俗

人们为什么要在除夕夜“守岁”

除夕又称大年夜，是每年农历腊月的最后一个晚上，有辞旧迎新、一元复始、万象更新的意味，是中国最重要的传统节日之一，在民间尤其受到人们的重视。此时，家家户户都要忙碌着清扫庭舍，迎接祖宗回家过年，并且以年糕、三牲奉祀等。而其中最具代表性的习俗就是守岁了。那么，你知道除夕夜为什么要“守岁”吗？“守岁”又到底有什么来历呢？

其实，在魏晋时期就已经有了除夕守岁的记载。而根据宗懔《荆楚岁时记》的记载，至少在南北朝时已有吃年夜饭的习俗。在除夕这天晚上，一家老小会熬年守岁，欢聚畅饮，从掌灯时分入席，一边吃饭一边聊天，有的人家会一直吃到深夜，待第一声鸡啼之后，新的一年便开始了。其意义既有对逝去岁月的惜别留恋之情，又有对新的一年寄以美好希望之意。正如《守岁》诗中写的那样：“相邀守岁阿戎家，蜡炬传红向碧纱。三十六旬都浪过，偏从此夜惜年华。”大诗人苏轼在其《守岁》中也写道：“明年岂无年，心事恐蹉跎。努力尽今夕，少年犹可夸！”可见，守岁的意义是非同寻常的。

而且，守岁这一习俗自南北朝开始便一直流传并逐渐盛行。宋人孟元老在《东京梦华录》中也写道：“是夜，禁中爆竹山呼，声闻于外，士庶之家，围炉团坐，达旦不寐。”唐太宗李世民《守岁》诗写道：“共欢新故岁，迎送一宵中。”时至今日，我们在过除夕的时候仍旧守岁，一家人笑语连连，边吃边聊，很是喜庆。而除夕这天之所以要守岁，除了要表达辞旧迎新、珍爱光阴、延长父母寿命等美好的意思，还源于一个十分有趣的故事。

据说，在远古的洪荒时代，有一种十分凶恶的怪兽，被人们称为“年”。这种怪兽每到大年三十的晚上，都会从海里爬出来伤害人畜，毁坏田园，使辛苦耕耘了一年的人们备受打击。而为了躲避年兽的侵袭，人们便在大年三十这天晚上，天还没黑就早早地把宅院的大门关闭，也不敢睡觉，而提前做好晚饭，并把鸡圈牛栏全部关牢，然后就一直坐着等天亮。在等待天亮的这个过程中，人们为了打发无聊的时间也为了壮胆，便置办一桌丰盛的年夜饭，慢慢地吃着聊着。因为这顿晚饭全家老小都聚集在一起，气氛和睦，又被称为“团圆饭”。加上这顿饭吉凶难料，所以吃饭前还要先祭祀先祖，祈求能够得到祖宗的庇护保佑，以便让全家人平安地度过这一夜。

一直等到第二天天亮年兽不再出来，大家才敢出门。这时，大家见了面便互相拱手作揖，祝贺道喜，庆幸没有被年兽吃掉，这样过了好多年，除夕熬夜守岁的习俗也就流传下来了。另外，每逢年末岁首，家家户户还会贴红纸、挂红灯，人们穿红袍、敲锣打鼓、燃放爆竹，也是为了驱逐年兽。

所以，除夕守岁事实上是有一定的文化意义的，体现了人们对美好生活的期望。人们也正是带着对美好未来的期待，一家人其乐融融地熬年守岁，享受难得的团圆喜乐。正因如此，一家人熬夜守岁也成了人们最深刻的记忆和最快乐的一段时光。

“压岁钱”究竟是什么“钱”

每年过年的时候，往往都是孩子们最期待的。因为在孩子的眼中，过年的时候可以穿新衣服，可以拿压岁钱，可以有很多好玩的东西。或许，也正是因为这样，过年对孩子的吸引力总是要比成年人大得多。但是，我们每到过年的时候有没有想过，“压岁钱”在最初的时候确实就是钱吗？如果不是的话那又是什么呢？

实际上，压岁钱是汉族长久以来的一种传统年俗，寓意是驱鬼辟邪，保佑平安，早在汉代的时候就已经出现了。不过，当时的“压岁钱”和我们如今的“压岁钱”是大不相同的，既不是什么贵重的礼品，也不是当时市面流通的货币，而是一种为了佩戴玩赏而专门铸造成钱币形状的辟邪品。因为，当时人们认为小孩子极易受到鬼祟灾祸的侵害，所以要用压岁钱来帮助孩子镇恶驱邪，从而让孩子平安过年，也祝愿孩子在新的一年平平安安，健康吉利。正因如此，当时的“压岁钱”称作“压胜钱”“押胜钱”等，主要用于压邪攘灾和喜庆祈福。在这种特制的钱币上，其正面往往会铸一些吉祥祝福语，如“千秋万岁”“祛殃除凶”“天下太平”等，而背面则会铸各种各样的图案，如星斗、龙凤、龟蛇、双鱼、斗剑等。因而，“压岁钱”也常称作“压祟钱”。

后来，到了唐代，在立春那天也就是当时的春节比较盛行“春日散钱”，其在继承前代驱邪祈福寓意的基础上又增添了贺喜的功能。这时的“散钱”就已经变成了具有货币流通功能的钱币。直到正月初一取代立春日成为春节，原先立春发散钱的习俗也就转移到了春节，于是就出现了春节给小孩子压岁钱的习俗。

明清时期，压岁钱通常会用红绳穿着赐给孩子，所以很多地方的压岁钱又常被称为“串钱”。正如清人富察敦崇在《燕京岁时记》中记载道：“以彩绳穿钱，编作龙形，置于床脚，谓之压岁钱。尊长之赐小儿者，亦谓压岁钱。”到了民国的时候，人们常会用红纸包100文铜钱给晚辈，寓意“长命百岁”，而币制改革后，人们又喜欢使用连号的新钱作为压岁钱，比喻好运连连。就这样，压岁钱逐渐由特制的钱币变成了具有流通价值的实际货币。不过，在这个过程中，对经济状况较差的家庭，压岁钱也常常以其他的东西来替代，如糖块或是简单的衣物等。

所以，由此来看“压岁钱”更多的是对晚辈的一种美好祝愿，是一份心意，最初是为了压祟压惊、辟邪驱鬼，是出于一种疼爱和关心，而并不是像有些人认为的那样，以给的压岁钱的多少来判断与自己关系的远近，甚至以此来决定自己的好恶，或是以压岁钱来攀比。虽然现如今我们的经济条件越来越好了，但压岁钱的传统不应走样，若是变成人们之间拼面子的手段就与压岁钱的本意相差太远了。

春节时贴的“福”字到底有什么讲究

过年的时候，贴春联无疑是南北两地共有的春节习俗，也是人们庆祝春节、表达美好祝福的重要方式。尤其是那“红红火火”的大“福”字，传递了人们对幸福生活的向往，对美好未来的祝愿。不过，我们常常会发现一个奇怪的现象，那就是很多家庭贴在大门或是墙上的“福”字，都是倒着的。可是，也有一些人在过年贴福字的时候并没有倒贴。那么，春节的“福”字到底是要正贴还是要倒贴呢？贴“福”字究竟有什么讲究呢？

实际上，贴“福”字是传统年俗之一，祈求吉祥如意。“福”也代表了中国人追求和谐美好幸福生活的理想和愿望。而在我国传统民俗中确实有倒贴福字的做法，取“倒”和“到”的谐音，也就是代表“福到了”。但实际上，并非所有的福字都需要倒贴，倒贴福字也是有讲究的。一般来说，民俗传统中，倒贴福字主要存在于两个地方：一个是水缸、垃圾箱上的“福”字需要倒贴。因为，水缸和垃圾箱里面的东西需要从里面倒出来，为了避免把福气倒掉，就利用“倒”与“到”同音，把福字倒贴，抵消有可能被倒掉的福气；另一个是屋子里的箱柜上面的“福”字也是需要倒贴的。因为，柜子是存放物品的地方，倒贴福字就代表福气会一直来到屋里和柜子里。除此之外，还有一种情况是需要倒贴“福”字的，那就是若一年中家中有人不幸亡故或者有其他灾难出现，希望转运的也可以倒贴；旧社会人们为了讨口彩（“福到了”）也会故意把福字倒贴。

可是，对于大门上的福字来说，则必须正着张贴。因为，在大门上贴福字是表达“迎福”和“纳福”的意思。加上，大门是家庭成员平时需要经常出入的地方，需要讲究庄重和恭敬，因而这里所贴的“福”字，从来都讲究端庄大方，因而必须正贴。若是把“福”字倒贴就会显得头重脚轻、不恭不正，失之滑稽。而且，大门处贴福字寓意是“开门迎福”“福气临门”，若是大门上的“福”字倒贴显然就把福气倒在门外了。这与我们开门迎福的初衷是相悖的。

尤其是，大门上“福”字倒贴也不符合中国人的审美习惯以及中国的“门文化”和“年文化”的精神。“福”字本身就代表着庄重和严肃，从文字象形的角度来看，它与神的崇拜活动及心理有关。因而凡是庄重和恭敬的场合，所贴的“福”字都必须正贴。另外，民俗专家和学者的专门考察和研究也发现，大门上的“福”字向来都是正贴的。所以，在贴大门上的“福”字时一定要注意，不能单纯地为了讨口彩而盲目倒贴。看来，“福”字到底是正贴还是倒贴，我们要视具体张贴的位置而定，不能用一个模糊朦胧的标准一概而论。否则，就很可能闹笑话。

正月十五元宵节为什么要挂红灯笼

按照中国的民间传统，在正月十五元宵节这天，人们会点起一盏盏大红灯笼，或是出门赏月、燃灯放焰、喜猜灯谜，或是一家人共吃元宵，合家团聚，同庆佳节，一派其乐融融的景象。因而，元宵节又常被称作“灯节”。那么，你在观赏灯笼或是猜灯谜的时候，想过为什么正月十五这天要挂红灯笼吗？红灯笼对元宵节到底意味着什么呢?

实际上，张灯结彩过元宵节是一项传统的民间习俗。而这一习俗的由来，则要追溯到唐朝末年的黄巢起义。传说，黄巢带领起义军北上攻打浑城，可是一连围攻了三天，仍旧没有攻下。这时，已经快要过年了，下了一场大雪，天气很冷，于是黄巢决定等过了年再打。不久，黄巢为了起义军一举成功，便决定先趁着敌人过年节的时机，进城摸摸敌军虚实，然后再定攻城之策。

可没想到的是，黄巢进城后没多长时间，就被起义军内部的奸细出卖了，险些被官兵抓住，幸好在危难关头被城中的一位老人相救。老人情急之下把黄巢藏在了醋缸里，官兵进来翻箱倒柜地搜查了一番，东西砸破了不少，也没能搜出黄巢。官兵走后，老人看着破碎凌乱的家，不禁落泪。黄巢则赶紧上前安慰道:“老人家不要哭了，过几天我赔偿你就是了。”老人舒缓了一下情绪，便督促着黄巢赶快离开，否则官兵一旦折返回来，就大事不妙了。

后来，在老人的指引下，黄巢终于摆脱了城中的追兵，逃出了城。而在逃出城之前，黄巢还特意询问了十万大军为何围攻三天都无法攻破的原因。老人直言相告，原来这浑城建造于始皇帝时期，城墙又高又厚，上有滚木，两厢还藏有众多的弓箭手。接着，黄巢还询问了攻城的关键，得知要攻破浑城，强攻城门是不行的，唯一的可行之法是从天齐庙的豁口进攻。黄巢打听到这一消息，欣喜若狂，随即亮明了自己的身份，谁料老人知道黄巢的身份后更加敬重，称穷苦百姓都对黄巢大军翘首以盼。黄巢听了很是感动，便对老人说道:“你回家买几张红纸，扎个灯笼，在正月十五那日挂在自家的房前，我一定嘱托士兵莫要对您有所损伤。”对此，老人十分感激。

黄巢走后，老人思来想去，把房前挂红灯笼可避兵祸的事情说给了左邻右舍，谁知一传十、十传百，没有多久这件事情就传开了，全城的穷苦百姓都开始准备红纸扎灯笼。黄巢从浑城逃回大营后，便立即召集将士商量攻城事宜，到了正月十五晚上，他带着五千精兵，摸过护城河，按照老人指示的路线悄悄攻城。结果黄巢大军势如破竹，没多久就攻破了城门，起义军大举涌进城中。

而黄巢早在大军出发之前就命令军队：凡是挂着红灯笼的人家，一律不许骚扰惊动。这时，城中穷苦人家的门口都挂着大红灯笼，全城灯火通明。就这样，城里凡是挂着红灯笼的人家，没有一家受到惊动；未挂红灯笼的，起义军便冲进去抓赃官财主，只一宿就把贪官污吏、土豪劣绅杀光了。第二天，黄巢开仓分粮，还特地派人给曾救助过自己的那位老人送去二百两银子。自那以后，人们为了求得平安，每逢正月十五就在门口挂红灯笼。正月十五挂红灯笼也就成了吉祥、安康的象征。所以，正月十五挂红灯笼的习俗便流传下来了。

“男不拜月，女不祭灶”说的是什么节日

在生活中，我们常常会遇到这样或那样的禁忌和讲究，尤其是逢年过节或是办喜事的时候，需要注意的规矩和细节就更多了。若是没有经验或是稍不注意就容易犯忌讳，在长辈的眼中则是失礼。其中，“男不拜月，女不祭灶”就是人们常常挂在嘴边的节日禁忌。那么，所谓的“男不拜月，女不祭灶”究竟说的是什么节日呢？在节日中为什么又会有这样的禁忌呢？

原来，“男不拜月，女不祭灶”是说男人不能拜祭月神，女人不能祭供灶神。根据旧时的民间传统，每年的八月十五都要祭拜月神，腊月二十三要祭祀灶神，家家户户都不例外。其中，祭拜月神早在先秦的时候就已经有了，当时被称作“夜明”或“夕月”，该节日又称作“追月节”“拜月节”“仲秋节”等，是中国的重要团圆节日之一。可以说，中秋祭月仪式是一种古老的祭祀仪式，表达着人们祈求月神降福人间的一种美好心愿。现如今，我国很多地方都遗存着“拜月坛”“拜月

亭”“望月楼”等古迹。北京颐和园所在的区域就是明朝嘉靖九年（1530 年）修建的供皇家祭月的地方，也是清朝慈禧太后率后妃和宫女祭月的场所。

而之所以男子不能拜月，则是出于一种避讳以及免于失礼。月神就是古代神话中的嫦娥仙子。据说嫦娥原本是后羿的妻子，因为吞服了灵药而飞上月亮成仙，而后羿因为思念妻子只得在月下摆设香案，进行祭拜。“中秋拜月”就是由此而来的。因为月神嫦娥是个世间少有的绝色美女，男子拜月恐有“男女授受不亲”之嫌，所以需要回避。因此避嫌也为了避免失礼于月神仙子，男子便不参加祭拜月神的活动。久而久之，拜月便成为女子专属的活动。据记载苏州及附近地区节令习俗的《清嘉录》记载，中秋夜，妇女们打扮得花枝招展，结队出游，或拜亲访友，或到寺庙随喜上香，直到鸡声鸣唱，还婆娑于月下。而男子可以赏月、咏月，但却不去祭拜。

而祭灶的时候就是“男儿酌献女儿避”了，也就是说祭灶的主角都是男性。话说祭灶是中国民间一项影响很大、流传极广的传统习俗，早在先秦时期祭灶就已经是国家法律规定的“五祀”（户神、灶神、土神、门神、行神）之一。据史书记载，周代七种祭祀，其中就有祭灶。具体来说，灶神被人们称作“灶君司命”，传说是玉皇大帝封的“九天东厨司命灶王府君”，负责管理各家的灶火，被作为一家的保护神而受到崇拜。因而，古时候人们家中几乎家家都设有“灶王爷”的神位。灶王龛大都设在灶房的北面或东面，中间供上灶王爷的神像。没有灶王龛的人家，也有将神像直接贴在墙上的。

所谓祭灶也就是送灶或辞灶，即祭祀灶君，送灶王爷上天。而灶王爷则要上天向天宫中的玉皇大帝禀明人间一年的是非善恶，从而稽查是非，以降福祸。所以，过去人们对这一天都会非常重视和谨慎，希望灶王爷能够“上天言好事，下界保平安”，于是以各种方式“贿赂”灶神，让他心情愉快地上天“汇报工作”，从而在来年给一家老小带来好运。这实际上寄托了中国劳动人民一种辟邪除灾、迎祥纳福的美好愿望。在祭灶日期上，各地是不统一的，但主要是腊月二十三、二十四两天，即所谓“金三银四”。但不管是在哪天祭灶，有一个规矩是不变的，那就是“女不祭灶”。

实际上，“女不祭灶”的习俗由来已久，南宋诗人范成大在《祭灶词》中写道：“古传腊月二十四，灶君朝天欲言事。云车风马小留连，家有杯盘丰典祀。猪头烂热双鱼鲜，豆沙甘松粉饵团。男儿酌献女儿避，酹酒烧钱灶君喜。”之所以在祭灶的时候女性要回避，是因为根据民间传说，灶王爷是炎帝或祝融等神话人物化身的男性神，而且是个美男子。所以和“男不拜月”相类似，女子也需要避嫌，所以有“女不祭灶”的规矩以防男女授受不亲。不过，有的地方对灶王爷与灶王奶奶合祭的，便不存在这一说法了。

“遥知兄弟登高处，遍插茱萸少一人”发生在哪个节日

具有鲜明文化特色的传统节日是在我国历史文化的长期积淀中形成的。我国众多的传统节日是我国悠久历史文化的一个重要组成部分。而且，在不同的传统节日，往往会有不同的习俗与之对应。而这些习俗也使得传统节日拥有了独特的标签，人们往往提到某种习俗就能很快联想到是哪种传统节日。那么，你知道诗句“遥知兄弟登高处，遍插茱萸少一人”描述的是哪个传统节日吗？

其实，诗句“遥知兄弟登高处，遍插茱萸少一人”出自唐代诗人王维的《九月九日忆山东兄弟》。全诗为：“独在异乡为异客，每逢佳节倍思亲。遥知兄弟登高处，遍插茱萸少一人。”这首诗作说的是：我独自漂泊在外做异乡之客，每逢佳节就会加倍思念亲人。遥想家乡兄弟们登高的时候，头上插茱萸时唯独少了我一

个人。诗作中，作者王维独自一人漂泊在洛阳和长安之间，深感客居他乡的孤独，因而怀乡思人，尤其是遇到佳节良辰，思念之情更浓。诗句虽然朴素简短，却令人感受到了深切的思乡之情。

由诗作可见，这一节日的习俗是登高、插茱萸。而从诗名中的“九月九日”这一时间信息我们可知这一节日是重阳节。诗作正是诗人在重阳佳节因思念亲人而作。而重阳节向来便有出游赏景、登高远眺、观赏菊花、头插茱萸、吃重阳糕、饮菊花酒等一系列的习俗。尤其是其中的登高和插茱萸，是最具代表性的节日习俗。在古代，民间多有在重阳登高的习俗，因为重阳节又常被人称作“登高节”。据说登高这一习俗始于东汉，在唐代越发兴盛，唐代文人所写的登高诗很多，其中很多是表现重阳节的。

当然，人们在重阳节这天登高并不是为了单纯地攀登高峰，而是有一定的寓意。相传，东汉时汝南人桓景和父母妻子一家人种田为业，生活虽不富足却也安稳自在。谁料天有不测风云，汝河两岸竟突然流行起了瘟疫，夺走了不少人的性命。原来是汝河里住了一个瘟魔，每年都会出来散布瘟疫，危害人间。为了替乡民除害，桓景打听到东南山中住了一个叫费长房的神仙。他就决定前去拜访。

结果，费长房给了桓景一把降妖青龙剑，让他练习降妖的法门。有一天桓景正在练剑，费长房让他带领家乡父老登高避祸。于是，九月九那天，他便带着全村老小登上了附近的一座山。把茱萸叶子分给每人一片，让瘟魔不敢近前。又把菊花酒倒出来，每人喝了一口，说是可以避瘟疫。一切安排妥当后，他就带着降妖青龙剑回到村中，斩杀了瘟魔。从此汝河两岸的百姓，再也没有受过瘟疫的侵袭。人们就把九月九日登高避祸的习俗，一代代地流传到今天。

可见，重阳登高最初是出于人们辟邪除灾的心理。而到了今天，人们选择在重阳节这天登高，更多地是与亲朋好友一起锻炼身体，享受秋高气爽的好天气。

腊八节为什么总要喝碗“腊八粥”

有道是“过了腊八就是年”，“腊八”对人们来说也是一个十分重要的节日，是过年的序曲。这天人们不仅要杀年猪、打豆腐，还要开始采购各种各样的年货。不过，随着物质的丰富和生活节奏的加快，人们尽管对这一节俗简化了许多，可也还少不了要来碗腊八粥应应景。那么，腊八节为什么要喝“腊八粥”呢？喝“腊八粥”又有什么寓意呢？

实际上，传统的腊八节除了是人们用来祭祀祖先和神灵，祈求丰收和吉祥的节日，还与纪念佛祖有关。因为这天据说是佛教创始人释迦牟尼在菩提树下成道的日子即十二月初八，所以又称为“佛成道节”。据说，佛教创始人释迦牟尼吃了牧女苏耶妲送的乳糜，在毕钵罗树下悟了道。后来，我国汉族地区的佛教寺院为了铭记释迦牟尼成道所受的苦难，便于每年腊月初八将腊八粥赠送给信徒以及那些善男信女。佛教徒们相信，吃了腊八粥便能够得到佛祖的庇佑，所以腊八粥又称作“佛粥”。对此，南宋著名诗人陆游在其诗作中言道：“今朝佛粥更相馈，反觉江村节物新。”

其实，古人喝腊八粥是很有讲究的，在腊八粥熬好之后，要先敬神祭祖。如果把粥送给穷苦的人吃，那更是为自己积德添寿，因此腊八粥又常被人称作“福德粥”。时至今日，很多地方的不少寺庙仍保留着在腊八节这一天施粥的做法。

总的来说，腊八节吃腊八粥除了有最初的纪念意义之外，还有温暖、圆满、和谐、吉祥、健康等方面的美好寓意。为此，每年的农历腊月初八，家家户户都要煮上一锅“腊八粥”，美餐一顿。不光是大人、娃娃吃，甚至还会给牲畜喂一些，在门上、墙上、树上也会象征性地涂抹一些，图个吉利。另外，腊八节吃腊八粥还有祛病镇邪的寓意，因为腊八粥里面有着代表辟邪的红豆。正因如此，每年的腊八节人们总少不了喝碗腊八粥，以便为今后的日子趋吉避凶，讨个吉利。

“龙抬头”这天为什么要吃猪头肉

农历二月二日，称为“龙抬头”“春龙节”，是春节中的最后一个节日。根据习俗，人们会打着灯笼到井边或是河边挑水，回到家中便点灯烧香、上供，称之为“引田龙”。而且，为庆祝这个节日，人们还会置办一桌子丰盛的菜肴，其中不可或缺的一道菜便是猪头肉，以此比作“挑龙头”“吃龙胆”、金豆开花、龙王升天、兴云布雨、五谷丰登，以示吉庆。那么，“二月二”这天为什么要吃猪头肉呢？到底有什么讲究呢？

实际上，二月二吃猪头肉是很有讲究和说道的。首先，这和杀年猪和冻猪肉有密切的关系。一般在过年的时候，人们都会杀猪宰羊，之后人们会把多余的肉埋到雪堆里，并按照吃起来由易到难的顺序满足过年这段时间的吃食需要，来制作精美的肉食。而在埋猪肉的时候，人们会按照这样的顺序：最上面是成块的猪肉，中间一层是猪排骨，最底层是猪头和猪蹄。就这样，经过腊月和正月一段时间的肉食消耗，到了“二月二”的时候基本也就吃到了最底层，赶上了吃猪头肉。这是从时间的安排上考虑的。

同时，人们之所以会对猪头肉如此青睐有加，是因为“二月二”是春节的最后一个节日，所谓“二月二”龙抬头，是大地万物开始复苏，一切动植物都开始“抬头”，而人们辛辛苦苦忙了一年，就希望在这万物复苏的时刻能为新的一年开一个好头，迎来风调雨顺的好年成。众所周知，在神话传说中，龙王是司雨的，为了向龙王祈求降雨，便要把上好的祭品供给龙王吃，而猪头向来是作为供品祭祀祖先、供奉上天的不二之选。所以，“二月二”这天人们的祭祀用品必然要用到猪头。

而且，人们在“二月二”龙抬头这天也是在用“猪头”来代替“龙头”，从而讨一个好彩头。毕竟没有人见过真龙，龙的形象则是从众多动物身上的突出特征综合创造而来的，其中有蛇、鱼、凤、麟、鹿、马、猪等。而据说，“龙头”的形象就来自猪头，所以人们在“二月二”这天要吃猪头肉，寓意吉祥顺遂，在祭祀摆供品的时候则用整个猪头。

另外，在民俗文化中，人们向来对“二月二”也就是“龙节”这一节日格外重视。吃猪头也是古人在“二月二”这天保留下来的传统，传递着人们对美好生活向往，以及对来年农事顺利的展望。

第十三章

传说趣闻

受人推崇的“三皇五帝”具体指的是谁

“自盘古开天辟地以来，从三皇五帝到如今，中华文明已有五千年的历史。”这是大多数人对中华五千年历史的基本认知，而每次听到这样的句子，我们都深感自豪，且对“三皇五帝”充满神往和各种各样的猜测，由此也牵出了各种各样的神话传说以及令人回味无穷的影视剧。可我们在自豪华夏文明源远流长的时候，有没有仔细地想过这样一个问题，就是“三皇五帝”具体指的是谁呢?

实际上，“三皇五帝”的观念是古人对宇宙系统的一种认知和看法。我国古人认为宇宙是由天、地、人以及水、木、金、火、土组成的。在这一认识基础上，古人便发展出了三皇五帝的观念，也就是天皇、地皇、人皇和水帝、木帝、金帝、火帝、土帝。而要说到“三皇五帝”具体是指哪些人，历来说法不一。比如，在文献记载中“三皇”有这几种说法：伏羲、神农、女娲；伏羲、神农、黄帝；伏羲、神农、燧人；伏羲、神农、祝融；伏羲、神农、共工。而“五帝”也有不同的说法：黄帝、颛顼、帝喾、尧、舜；少昊、颛顼、帝喾、尧、舜；黄帝、伏羲、神农、尧、舜；黄帝、颛顼、伏羲、少昊、炎帝；黄帝、颛顼、帝喾、尧、少昊。

“三皇五帝”的具体人物之所以会出现如此众多的说法，其实是因为在上古时代没有文字记录，加上年代久远，我们也只能从后世一些零散的史料记载、神话传说、口耳相传的故事中进行了解。而这些渠道获得的结论在流传的过程中又往往会发生一定的变异，从而产生众多的带有主观色彩的说法。

另外，从这些零散的资料和传说中，我们可以发现，“三皇五帝”既可能是人，也可能是神，并没有明确的依据。因为，这些古代的英雄人物都有很多的创制或是发明，如伏羲氏创制八卦、发明渔网，神农氏用树木制作了耒、耜等农具，还发明了草药，燧人氏钻木取火等，可是对他们形态的描述却让人惊愕，有的人头蛇身，有的人身牛头。显然，这是神话里的人物。所以，他们很有可能是后人将上古时期现实中的人物与神话传说相结合而产生的人物，但无论如何，这些古代英雄的事迹都值得我们骄傲，他们也代表了我们远古社会的时代面貌。

而现在看来，“三皇五帝”更大程度上是上古时期的部落首领，他们由于实力强大而成为部落联盟的领导者。当初，秦始皇为了表示自己平定天下的功绩和崇高无比的地位，就采用“三皇”之“皇”和“五帝”之“帝”，构成“皇帝”的称号。

赵公明、比干、范蠡、关公这几位究竟谁才是“正财神”

财神是传说中掌管人间财运的神仙，一直以来都备受人们的重视和喜爱，很多人的家里甚至公司里都会设置一个摆放财神像的地方，早晚供奉。但是，细心的朋友往往会发现一个有趣的现象，那就是人们供奉的财神并不一样。大致来说，在民间有赵公明、比干、范蠡、关公四位被人们当作财神来供奉，而且有些地方还有“文财神”财帛星君、“偏财神”“五路财神”等各种不同的说法。那么，我们不禁要问，在这么多的财神中，究竟哪位才是名副其实的正财神呢?

实际上，在众多的财神之中，人们普遍供奉的是赵公明，认为他才是真正的财神。赵公明又被称为玄坛真君、赵公元帅，在众多的财神中是影响力和人们接受度最大的一位。明代以来，不管是商铺还是住宅都会供奉他的神像，手持钢鞭、身骑黑虎，极其威武，周边还常常放置着聚宝盆、大元宝、宝珠之类的宝贝，很有财源茂盛的感觉。但在最初，据说赵公明只是一个瘟神，人们避之唯恐不及。对此，东晋干宝的《搜神记》中就有记载，称赵公明本是掌管人间春夏秋冬四季瘟神中的秋季瘟神，人们都躲得远远的。

而到了明代，赵公明的身世经历被编得更为详细，认为他原本是终南山人，秦朝的时候为了避乱才躲了起来修仙，后来便被掌管天庭众仙的玉皇大帝封为“神宵副帅”，主要的职责是为张天师守护仙炉，镇守龙虎山。同时，若谁想要求财运，他也能够满足来诚心祭拜人的愿望。在中国古代的神魔小说《封神演义》中，姜太公以蛊术杀死赵公明，后来在封神的时候，虽然没有直接封其为财神，但是却把他封为“金龙如意正一龙虎玄坛真君”，简称“玄坛真君”，又称为“玄坛元帅”，统率“招宝天尊”“纳珍天尊”“招财使者”“利市仙官”四位神仙，这四仙专门负责迎祥纳福、商贾买卖。因为赵公明手下的四位神仙的职责都是与掌管财富有关的，分别是“招宝”“纳珍”“招财”“利市”，因而赵公明也就成了实际意义上的掌管天下财富的人，也就是“财神”。后来，随着《封神演义》的广泛流传，民间越来越多的人把赵公明当作财神来供奉。

至于其他几位财神，关公在商人中比较流行，象征着做生意要讲究忠诚和信义，能够维护商界秩序，被奉为“武财神”，供奉“武财神”也寄托了中国劳动人民一种避灾、祈福的美好愿望；比干是商纣王的大臣，因敢于直谏而被挖心，而人们认为无心之人最为公正，办事也最为公道，于是将其奉为“文财神”；范蠡是春秋战国末期的越国士大夫，因善于经营，积累了很多财富，后来三散家财，但又很快积累了大量的金银财宝，因而名满天下，重要的是他是靠勤劳和智慧来取得财富的，所以有不少生意人对他奉若神明，视其为财神。但是，总的来说，在这几位人们常提到的财神中，要说在人们心中的影响力和知名度，名副其实的正财神还是非赵公明莫属。

太白金星最开始的时候是女性形象，这是真的吗

《西游记》是我国古代第一部浪漫主义长篇神魔小说。书中以丰富瑰奇的想象描写了一系列生动传神的妖魔鬼怪、天地人神的形象，尤其是孙悟空那直率狂放、疾恶如仇的性格令人印象深刻，家喻户晓。而提到孙悟空的时候，我们不禁会想到太白金星这个人物，这个仙风道骨的老神仙可以说是对孙悟空最和善的神仙了，多次出手相助孙悟空。可是有人却说太白金星是女性，这是真的吗？这其中又发生了怎样的故事呢？

实际上，太白金星是中国民间传说以及道教神仙体系中知名度最高的神仙之一，在道教神话体系中是玉皇大帝的信使，负责传达玉皇大帝的旨意，因而在招安孙悟空的过程中被任命为招安使。可若从天文学的角度来说，太白金星是古人为金星赋予的神话人物形象。因为在古代，金星，又被称为太白或太白金星。其实我国对星象的观察和记录早在战国时期就已经开始了。其中，天文学专著《甘石星经》则是世界上现存最早的天文学著作，它记录了金、木、水、火、土五大行星的运行规律。另外，为了更好地认识星星、研究天体，古人还将星空划分成了二十八个大小不等的部分，每一部分叫作一宿，共二十八宿。古人想象每一颗星或每一个星宿都是一位神，有具体的形象。对此，唐代画家梁令瓒专门画过一幅《五星二十八宿神形图》，对每个星宿神仙的形象进行了描绘。

而太白金星就是代表金星星宿的神仙，又称作“金德太白星君”，归根究底是源自古人对星辰的自然崇拜。就其性别来说，《五星二十八宿神形图》中描绘的太白金星则是女性，是位穿裙子、戴鸡冠、骑凤凰的女神仙。而且，画家为了更为

直观地表明太白金星的性别，还在相应插图的边上特意细心注明：“太白星神祭用女乐，器用金，币用黄，食用血肉，不杀牲，亦忌哭泣。太白庙女宫中黄屋，饰皆黄，仍被五采。太白后妃也。”可见，太白金星在当时人们的认识中全然是一副女性形象。

到了元代的时候，太白金星的形象仍旧是女性。对此，我们可以从元代人创作的永乐宫壁画《朝元图》中得到证实，《朝元图》描绘了诸神朝拜元始天尊的故事，以 8 个帝后主像为中心，周围有金童、玉女、星宿、力士等共 286 尊，场面开阔，气势恢宏，为元代壁画艺术的最高典范。其中，太白金星就被画成了女神仙的模样。此后的各种壁画或是绘作，太白金星的形象虽然有细微不同，但统一都是女性形象。

可到了明代，随着明代小说家吴承恩的神魔小说《西游记》广泛流传，太白金星的形象逐渐发生了变化。因为，在《西游记》中太白金星就是一位老年男性神仙，白发苍苍、表情慈祥、忠厚善良，且《西游记》中描述的人物形象不论是外貌抑或是性格等方面都深入人心，备受喜爱。由此，随着《西游记》的流传，大多数人都接受了太白金星的男性神仙的形象，而再也不记得太白金星最初的形貌特征。

上古凶兽“饕餮”到底是什么动物

说起饕餮，人们首先想到的就是那些食量大或是贪得无厌、不知满足的人。而之所以会有这样的印象，主要是因为饕餮食量巨大、生性贪婪，永远也吃不饱，无论见到什么都会吞下去。《左传》中就用它比喻贪财贪食的人。而且，在一些青铜兽面纹上，我们也时常会看到饕餮夸张贪吃的形象。那么，这种永远吃不饱的怪兽究竟是一种什么样的动物呢？它又扮演着怎样的角色？

实际上，饕餮是我国古代神话传说中一种神秘凶猛且贪婪的怪兽。先秦古籍《山海经》中曾这样描述其特点：其形状为羊身人面，眼睛在腋下，虎齿人手，有一个大头和一张大嘴，十分贪吃。由此，饕餮常被看作贪欲的象征，常用来形容贪食或是贪婪的人。而中国古代神话志怪小说集《神异经·西南荒经》中则写道："西南方有人焉，身多毛，头上戴豕，贪如狼恶，好自积财，而不食人谷，强者夺老弱者，畏群而击单，名曰饕餮。"可见，饕餮不仅贪吃贪财，还生性凶残。

而且，在古代的钟鼎彝器上则多会刻出其头部的形状来作为装饰，如《吕氏春秋·先识》中写道："周鼎著饕餮，有首无身，食人未咽，害及其身，以言报更也。"宋代邵博《闻见后录》卷二十六则写道："绍圣初，先人官长安府，于西城汉高祖庙前卖汤饼民家，得一白玉奁，高尺余，遍刻云气龙凤，盖为海中神山，足为饕餮，实三代宝器。"可见，饕餮普遍应用于钟鼎彝器之上。不过，随着时代的变迁，在商、周鼎上饕餮纹的修身治国寓意逐渐被人们淡忘，而它贪吃的本性则被夸张表现。

对此，北宋著名文学家苏东坡就曾写过一篇《老饕赋》说："盖聚物之夭美，以养吾之老饕。"中国杰出的现代话剧剧作家曹禺在其《北京人》第一幕中便写道："而且他（江泰）最讲究吃，他是个有名的饕餮，精于品味事物的美恶。"显然，在这里没有了饕餮凶神恶煞的形象，取而代之的是它贪吃的寓意，甚至饕餮还有了某种可爱的意味，被当成美食家的代称。因而，美食家被俗称为"老饕"，喜好美食的朋友常被称为"饕餮族"，而饕餮盛宴则是指有丰盛的美食的宴席。

总之，饕餮作为一种神话传说中的神秘怪兽，以其奇异的形象为人们提供了很大的想象空间。而时至今日，我们对饕餮的应用最多的就是它贪吃的喻义了，也就是以饕餮来比喻贪吃或是喜好美食的人。

十二生肖中为何没有“猫”

说起生肖，大家都不会感到陌生，我们每个人都有自己的生肖属相，这是我国一种古老的民俗文化。而且，十二生肖的起源历来众说纷纭，产生了各种各样的故事和传说，我们也由此对每个生肖属相赋予了不同的含义和象征意味。可是，我们在查看十二生肖的时候却发现一个问题，那就是这里面竟然没有我们日常生活中十分常见的猫。这到底是怎么一回事呢？

众所周知，十二生肖分别是鼠、牛、虎、兔、龙、蛇、马、羊、猴、鸡、狗、猪。而要想弄清楚十二生肖中为何没有猫，首先就要对十二生肖的起源有一定的了解和认识。其中，有历史学家认为，生肖是华夏民族在原始社会图腾崇拜的影响下，以部分动物名称配合抽象的十二地支，创造出来的十二个属相。东汉思想家王充的著作《论衡》过去被认为是最早完整记载十二生肖的文献，其中《论衡·物势篇》中写道：“曰：寅，木也，其禽虎也。戌，土也，其禽犬也。……午，马也。子，鼠也。酉，鸡也。卯，兔也。……亥，豕也。（未，羊也。）丑，牛也。……巳，蛇也。申，猴也。”《论衡·言毒篇》又说：“辰为龙，巳为蛇，辰、巳之位在东南。”这样，十二生肖便齐全了，十二地支与十二生肖也就完整地配属了起来。

然而，有些历史学家则认为，在汉代以前我国中原地区采用的是十二地支纪年法，而北部、西部等以游牧为主的少数民族使用的则是动物纪年法。到匈奴归顺汉朝后，民族文化融合，才产生了十二生肖。

而对于猫为什么没有被列入十二生肖的行列这一问题，有不少的研究者认为，主要是因为在十二生肖形成之时，猫这种如今十分常见的宠物，还没有正式落户中国。虽然早在西周时期，文献资料中就已经有了关于“猫”的记载，但这里所说的“猫”并不是如今我们日常生活中所熟知的家猫，而是一种体形庞大、性情凶猛、不易驯化的大型动物——山猫，且人们对当时的猫也没有什么好感，甚至认为它是不祥之物。在《诗经·大雅·韩奕》中有“有熊有罴，有猫有虎”的记载。

而如今我们见到的温顺的家猫据说是东汉时伴随着佛教传播而传入中国的。但是，根据湖北省云梦县睡虎地秦墓的出土文物，可以证实早在秦代人们就已经使用十二生肖了，所以十二生肖的历史是十分悠久的，而家猫传入中国的时间则要晚得多。这也能够十分清楚地解释为什么十二生肖中没有猫这一常见动物了。

第十四章

俗语成语

“吃醋”这个词是如何产生的

醋在我们生活中是十分常用的一种调料，食醋对人体还有诸多的好处，如减少内脏脂肪、保证血管健康血压正常、延缓血糖升高速度、摄入丰富的氨基酸、缓解疲劳、有助钙质摄取等。但是，如今我们在说到吃醋、醋坛子、争风吃醋等关于醋的词时，却大都与醋本身没有什么关系，而常常表示一种含有嫉妒、猜忌等不高兴的情绪。尤其是恶人之间往往会发生争风吃醋的情况，不管是言语还是举止，都会显露出与往常很大的不同，表现出嫉妒的特点。

那么，“吃醋”这个词到底是如何产生的呢？吃醋为什么能用来表达嫉妒眼红的情绪呢？这中间到底发生了什么事情呢？下面，我们就来一起看看吧。

实际上，不管是男人还是女人，“吃醋”在一定程度上都是爱情的表现，而之所以人们会把食醋和嫉妒情绪联系在一起，还源于一段有趣的故事。据说，唐太宗李世民为了笼络人心，打算赏赐给宰相房玄龄几名美女作为侍妾，可房玄龄却怎么也不敢接受。探其原因，唐太宗才知道原来他的正房妻室对于他纳妾一事坚决不同意。唐太宗为了解决这个难题，就想到了一个办法来考验和试探她。

一天，唐太宗命人赏赐了房夫人一壶“毒酒”，并宣旨：为大臣选侍妾本是出于一番美意，若是执意要阻拦，就只能喝下毒酒。可谁料，房夫人听后依旧面不改色，态度丝毫没有改变，拿过毒酒便一饮而尽。当然，房夫人并没有被毒死，因为酒壶里面装的并不是毒酒，而是一壶醋。唐太宗看到房夫人的态度如此坚定，赏赐妾室一事也就作罢了。就这样，“吃醋”的故事广为流传，人们把男女之间那些妒忌第三方的心理称为“吃醋”。

当然，关于“吃醋”的说法还有“坏醋说”和“酸味说”等。其中，“坏醋说”是由一家中不能同时酿造两缸醋（这种说法认为同时酿两缸醋就会坏掉一缸）延伸为应该保持一夫一妻制，否则妻妾之间就难免会产生嫉妒的观点。“酸味说”则是说“醋”有很浓的酸味，而酸又可以引申为痛苦意，所以才把吃醋和嫉妒联系在一起，以比喻心酸，有时也称醋意、醋劲儿。清代章回体小说《儿女英雄传》第二十七回就写道：“切切莫被那卖甜酱、高醋的过逾赚了你的钱去，你受一个嫉妒的病儿，博一个‘醋娘子’的美号。”《儒林外史》中第四十五回也有“凌家这两个婆娘彼此疑惑……争风吃醋争吵起来”这样的吃醋情节。由此，人们又把容易流露出来醋意的人称为醋缸、醋瓮、醋钵儿、醋罐子或醋瓶子，等等。看来，“吃醋”虽然所指的意思和食醋没有多大的关联，但就其产生的过程来看却和醋有着密不可分的联系。

“摆谱”和摆架子有什么关系

生活中，总有一些人喜欢摆架子、讲排场，装腔作势，故意摆出一副高高在上的冷漠姿态彰显自己，或装模作样，或玩大牌耍威风，而我们对这种行为更简便的叫法则是“摆谱”。那么，“摆谱”和摆架子到底有什么关系呢？或者说，“摆谱”为什么会成为摆架子的代名词呢？这里的“谱”又是指什么呢？

实际上，“摆谱”的现象在很早以前就已经司空见惯。我们在阅读一些历史小说的时候，就经常能够看到相关的描写。比如，在中国古典四大名著之一的《三国演义》中，诸葛亮为了试探刘备的诚意，不但让刘备三顾茅庐，还居然在刘备来拜访自己的时候睡起大觉来，这种行为便是“摆谱”。不过，诸葛亮是凭借着自己的军事才干而并非无缘无故地摆谱。所以，“摆谱”也是要有资本的，否则就是自取其辱了。而要说起“摆谱”的来源，我们最早可追溯至北京方言。

具体来说，“摆谱”一词是在清政府“移民屯垦”的政策环境下产生的。当时，清朝统治者对汉人的民族政策十分严厉，其中十分典型的一项禁令就是严禁他们进入东北的土地。直到一百多年后，清政府才转变政策，积极招募汉族农民来到这里开垦土地。就这样，在政府的倡导和推动下，大量的汉民不断经由山海关出关垦田。而汉人注重子孙传承和宗族谱系，这是他们的根和魂，在迁移的过程中，他们可以什么都不带，但唯独不能少了家谱，于是前往东北垦田的汉民人人都随身携带着一份自家的家谱，以防到东北垦田定居以后子孙遗忘了自己的宗族先辈，同时也为了能够在闲暇的时候怀念祖先。

最初，这些移民来到东北蛮荒之地后，生活很是简朴、单调，除了每日辛辛苦苦地劳作少有什么娱乐活动，彼此之间也没有什么太多可以畅聊的话题。于是，闲暇之时人们便会把自己随身带着的家谱拿出来，相互比较一番，一来是看看谁家的“家谱”更大。二来也是表达对祖先的缅怀之情。久而久之，“摆谱”一词就产生了。

而且，“摆谱”的含义也随着时间的推移不知不觉发生了变化。最初的时候，人们“摆家谱”是为了打发闲暇的时间，进行比较更多的是为了追溯谁家的家谱更久远、人丁更加兴旺，其中，胜出者会产生一种自豪感和荣耀感。可时间一长，那些自豪感和荣耀感累积在有些人的心里就变成了骄傲自大、目空一切，随之架子也越来越大，逐渐变得装模作样、装腔作势。所以，“摆谱”也就有了摆架子的意思。时至今日，“摆谱”早已经没有了最初缅怀先辈的意思，而完全成为摆架子的代名词。而这里的“谱”也不再指当初的家谱，而成了一个无实在意义的虚词。

为什么用“千金”来指代别人的女儿

旧时，人们往往称自己心爱的女儿为掌上明珠，富贵人家的未婚女孩则被称为“千金小姐”或“侯门千金”。而如今，我们在提到别人家的女孩时也常常以“千金”来敬称。尤其是在喜获女婴时，亲朋好友来道贺的时候总是会以“千金”来亲切地称呼婴儿，以“喜得千金”来道喜。那么，我们在尊称女孩为“千金”的时候，有没有想过其中的原因呢？“千金”和女孩到底有什么联系呢？为什么会成为别人的女儿的代名词呢？

实际上，“千金”一词很早就已经出现了，只不过当时“千金”并非指人而是指物，用来表示物体的贵重和稀有。具体来说，“千金”源自我国古代的货币单位。在秦朝时期，一镒（古代的重量单位，一镒合二十两，一说是二十四两）为一金。不过，秦汉时期的“金”却不指黄金，而是多指黄铜，“千金”实际上是指“铜千金”。但不管“金”具体指代何物，可以肯定的一点就是“千金”代表了极其贵重和高价值的东西。由此，人们后来逐渐衍生出了“一字千金”“一言千金”“一诺千金”“一刻千金”等说法，比喻“文字”“言语”“承诺”“时刻”非常珍贵，不能忽视和浪费。

后来，“千金”的这种珍贵和高价值的属性逐渐由物转变到了人的身上。据说，这主要还是因为南朝梁司徒谢朏的缘故。他自幼就十分聪慧，很受父亲谢庄的喜欢，常常把他带在身边。当然，谢朏也很是争气，年仅 10 岁就已经能够写出非常不错的文章了。一次谢朏随父亲游赏土山，受命作一篇游记，结果他文不加点，授笔便成，令人无不叹服。宰相王景文听说这件事后，不禁夸赞道：“贤子足称神童，复为后来特达。”而父亲谢庄当时也手抚儿子的背，十分得意地说道：“真是我家千金啊。”就这样，“千金”一词便逐渐用来夸赞那些才貌兼备、出类拔萃的少年男子，并且沿用了很长一段时间。毕竟，在当时人们对男性的重视程度要远远高于女性，尤其是出类拔萃的男子往往肩负着兴旺家族、传宗接代的使命，故而以“千金”相称。

而随着社会的发展，人们逐渐改称富贵人家的女儿为“千金”或是“千金小姐”，从时间上来说大致是元明以后的事情。当然，其含义和当年谢庄夸赞谢朏时也基本相同，都是十分珍爱宝贵的意思。根据学者的研究和文献资料，用“千金”来比喻女子，最早的文字记载见于元代戏曲作家张国宾所写的杂句《薛仁贵荣归故里》：“你乃是官宦人家的千金小姐，请自稳便。”就这样，以后称少女为“千金”或“千金小姐”的逐渐增多。尤其是明清以后的话本小说中，对少女的“千金”称谓已经十分普遍了。

所以，“千金”逐渐成了对别人家女儿的敬语，并一直沿用至今。而且，“千金”不再专指富贵人家的女儿，现如今普通人家的女儿也被人敬称为“千金”，而对于少年男子来说则再也没有了“千金”的称谓。这其实在一定程度上也反映出了因时代变化而出现的人们对性别态度的变化，女性的地位不断提升。

激励人心的“座右铭”非要放在座位右边不可吗

学习对大多数人来说是一个漫长的过程，在这个过程中，我们需要付出大量的时间和精力，付出汗水和脚踏实地。可是，在取得成绩之前，我们往往会面对各种各样的考验，有时会让我们懈怠，有时会让我们退缩，有时会让我们畏惧，但若是有一种持续的激励和动力支撑，便更容易成功。而这种激励常见的表现形式就是“座右铭”。在座右铭的激励下，我们能更好地完成学习任务，达到预期效果。可是，有个问题却往往被人们忽视，那就是“座右铭”一定要贴在座位的右边吗？

实际上，座右铭就是泛指人们写出来激励、警示自己，作为规范自身言行举止的格言。尤其是在学生时期，座右铭的使用最为常见。学生用它时时刻刻激励自己、提醒自己，让自己保持清醒和理智，沿着正确的道路前进。除学生外，古往今来的许多名人都有自己的人生格言也就是座右铭，用来作为自己行动的指南、言语的标杆，起到励志修身、鞭策警醒的作用。但是，最初的时候，座右铭所指的并不是文字，而是一种物品，即“物铭”。

具体来说，这种“物铭”是一种用来装酒的奇特器皿，称为“欹器”。“欹器”又常被称作“歌器”，是古时候的一种计时器，类似于沙漏，但是它的设计非常奇特。据说，这种器皿在空着的时候就会倾斜，把酒或者是水倒进去，倒一半的时候，就能够直立起来，可若是倒满了，它还是会倾斜。在它的上面放置匀速滴水装置，就会形成周期性的自动滴入水、倾倒水、空瓶复位，如此循环往复。过去春秋五霸之首齐桓公就总是把“欹器”放在自己座位的右边，以此来警示自己千万不可骄傲自满，否则就会“溢”出来。后来，这种起警示自身作用的器物又出现了金属镂刻等诸多不同的式样，大都耐人寻味，而且其蕴含的警示意义也都能够给人以深刻的启迪。

到后来，座右铭逐渐变成了一种具有激励性的文字，但尽管如此，可把座右铭放在座位右边的传统却延续了下来。对此，也有文献资料记载，据说东汉书法家崔瑗年轻时好意气用事，得知兄长崔璋被人杀死，他一气之下杀死了作恶者，结果逃亡在外，直到朝廷大赦才返回故乡。而在流亡的过程中，崔瑗吃尽了苦头，就作铭（刻在器物上的文字）放在自己座位的右侧，用以自戒。对此，在南朝梁萧统的《昭明文选·座右铭》中，吕延济题注道：“瑗兄璋为人所杀，瑗遂手刃其仇，亡命，蒙赦而出，作此铭以自戒，尝置座右，故曰座右铭也。”

此外，关于座右铭的说法还有很多，但共同之处都是放在座位右边用来警示自己的格言、警句。至于一定要把座右铭放置在右边，一方面是出于传统的考虑，因为最早的座右铭就是放在桌子的右边的；另一方面则是由于长期以来的约定俗成，这种不成文的规定就一直沿用到了现在，人们早已经习惯了把激励自己的座右铭放置在桌子的右边。但是那些泛指作为格言自励的文辞，又常常没有“贴”的概念。如陈毅在《示丹淮并告昊苏、小鲁、小珊》一诗中写道：“革命重坚定，永作座右铭。”所以，这时的座右铭不用再张贴，也就没有了所谓的位置一说，只是作为一句格言来激励自己，放在心中即可。

“衣冠禽兽”最初是个贬义词吗

在文化发展的过程中，语言文字的变化往往经历了一个长期的演变过程，而结果又常常令人惊叹，一些词语随着漫长的历史沿革，因为这样或那样的原因，与最初的意思已经大相径庭，甚至词义和词性都变得“面目全非”。比如，“衣冠禽兽”一词现在通常用来指道德败坏的人，说某些人徒有人的外表，虽然穿着人的衣服，但是却干着连禽兽都不如的事情。但是，“衣冠禽兽”最初就是贬义词吗？若是了解了它的最初词义，你很可能会大跌眼镜。

“衣冠禽兽”一词在《辞海》中解释得很明确，是个十分明确的贬义词。可最初的时候，这个成语的意思并不是这样的，甚至没有一点贬义，而是一个普通人难以企及的褒义词。具体来说，“衣冠禽兽”一词源自明代官员的服饰。在当时，衣冠是身份的标志、权力的象征，统治阶级凭借衣冠服饰的不同来彰显阶层、地位和权势，划分三六九等，使得人们各安其位、各司其职。尤其是明代官员的衣冠，更是统治阶级意志的集中体现，他们会在官服上绣飞“禽”走“兽”，来彰示文臣武将的等级。等级制度从各自的官服上就能够明显地体现出来，所以官员身着的官服会根据品级的不同在布料颜色和胸前的刺绣方面都有很大差异。对此，明代的《舆服志》就有明确记载，文官绣禽、武官绣兽，而且等级森严，不得逾越。因而，衣冠上的“禽兽”与文武官员的品级一一对应。

具体的规定大致如下：文官官服的刺绣为“飞禽”，其中文官一品绣仙鹤，文官二品绣锦鸡，文官三品绣孔雀，文官四品绣云雁，文官五品绣白鹇，文官六品绣鹭鸶，文官七品绣鸂鶒，文官八品绣黄鹂，文官九品绣鹌鹑；武官官服的刺绣为“走兽”，其中武官一品、二品绣狮子，武官三品绣虎，武官四品绣豹，武官五品绣熊，武官六品、七品绣彪（民间传说中一种似虎非虎的动物），武官八品绣犀牛，武官九品绣海马。同时，文武官员一品至四品穿红（绯红）官袍，五品至七品穿青袍，八品和九品穿绿袍。

由此可见，只有为官者才能穿上绣有飞“禽”走“兽”的冠服，而这冠服也象征着具有一定的待遇、权势和地位，进而划分阶层和等级，同时也和平民百姓相区分开来。所以，此时“衣冠禽兽”非但不是一个贬义词，还是一个令人羡慕的褒义词，无数的学子寒窗苦读都是为了能够一朝入仕，穿上这样的服饰。

但是，后来随着明朝统治的腐败，明朝中晚期宦官专权、吏治腐败，文官贪财，武官怕死，欺压百姓，无恶不作，声名狼藉，“衣冠禽兽”不再是高高在上的代名词，而成了鱼肉百姓的象征，穿着官服的人被视为匪盗瘟神。于是人们便用“衣冠禽兽”来指责那些为非作歹、道德败坏的文武官员，用以说明他们人浮于事、霸道横行，虽身居高位却如禽兽一般缺乏良知，只顾着搜刮民脂民膏，中饱私囊。就这样，“衣冠禽兽”一词逐渐变成了贬义词。据记载，它第一次作为贬义词出现，是在明末文学家陈汝元所写的《金莲记》中。书中有这样一句话：“人人骂我做衣冠禽兽，个个识我是文物穿窬。”

所以，“衣冠禽兽”一词在历史发展的过程中经历由褒义到贬义的变化，也由高贵地位的象征而变为受人唾骂的对象。时至今日，人们对“衣冠禽兽”一词再也没有什么好感了。现在若是有人被说成“衣冠禽兽”，那就肯定是一种侮辱和责骂了。

吃“闭门羹”到底说的是什么羹

生活中，当我们在拜访他人遭到拒绝的时候，常常会自我打趣地说道：“吃了闭门羹。”那么，吃“闭门羹”和遭到拒绝有什么联系呢？“闭门羹”又是一种什么样的羹呢？

其实，“羹”在古代最初是一种用羊肉制成的、味道鲜美的糊状食品。严格意义上来说，古代的“羹”是十分讲究的，其制作工艺也十分复杂。当然，糊状的素食也慢慢被称作羹，甚至将粮食、果品和蔬菜煮成浓汁的食品都可以被称为“羹”，如莲子羹、玉米羹、粟米羹等。可是要说到“闭门羹”一词，最早却是出自唐人冯贽的《云仙杂记》。其中言道：“下列不相见，以闭门羹待之。”

具体来说，在唐代宣城有一名叫作史凤的奇女子，不仅容貌秀丽，而且琴、棋、书、画无一不通，以至于很多年轻的男子都慕名前来拜访，想要一亲芳泽。可是，史凤是一个有要求的女子，并非什么人都可以见到。在会客之前，她常常会要求客人先献上一首诗，若是诗文被她看中才会与客人相见。但若是来访的客人不会作诗或是所作的诗文不佳，她就会让人在门口用一碗羹来招待他们，从而婉言表达拒绝之意。就这样，时间一长，来访的客人看到放在门前的羹，不及言说也都已经心领神会，便会主动离去。久而久之，人们就把放在门前的这碗羹称作“闭门羹”。后来，“闭门羹”也从实实在在的食品变成了拒绝的代名词。吃了“闭门羹”也就是遭到了拒绝。

而且，史凤当初命人制作的“闭门羹”甚至远没有一般的“羹”那么讲究。据说当时史凤家的“闭门羹”是用豆腐和鸭肠子制作而成的，都是一些不值一提的食材，制作的时候也根本没有花多大的心思，只是随手而做，实际上原本就是想借这碗羹表达对来访客人的轻视和拒绝之意，以便让那些“不合格”的客人自觉地离开。可让史凤没有想到的是，她随手做成的“闭门羹”被有些不知趣的人吃了之后，味道竟被认为十分鲜美，甚至引得一些人专门来到这里只为了品尝一下那碗羹。后来，“闭门羹”还发展成了安徽沿江一带的传统名菜，引得不少人专门来此品尝。

所以，当时以羹待客只是一种委婉、客气的拒绝方式。只不过，当时的“闭门羹”由于味道十分鲜美，以至引来不少人的追捧，“闭门羹”闭门拒绝的意思也随着这道美味而广为流传。但是，时至今日，“闭门羹”一词只保存了“婉言拒绝”的实际意义，再也没有了美味的“羹”。人们在被拒之门外的时候常常会用到这个形象的说法。

“鼻祖”是否和鼻子有关

长期以来，人们都习惯地把某个领域或方面的创始人称作“鼻祖”，如“中国木匠鼻祖”“道家开山鼻祖”等。而且，我们在一些文献资料中，也常常会见到“鼻祖”的称谓。如清代王韬的《瓮牖余谈·西国造纸法》写道：“人莫不以蔡伦为造纸之鼻祖矣！”但是，我们又不禁有这样的疑惑，为什么“创始人”的意义会和“鼻祖”产生联系呢？“鼻祖”这个词语和“鼻子”是否有关系呢？

实际上，要说起“鼻祖”，还确实要从“鼻”字说起。“鼻”字在古时候原本是“自”。“自”就是鼻子的意思。东汉学者许慎在《说文解字》中写道：“自，鼻也，象鼻形。”也就是说，“自”最初是一个象形字，本义是指鼻子。而在甲骨文和金文中的“自”看起来也像极了人鼻子的形状。可见，在当时“自”就代表鼻子，只是后来在文字演变的过程中，“自”又逐渐衍生出了作为第一人称代词的“我”，有了“自己”的意思。后来，“自”又进一步引申为介词“从”“由”和副词“本来”“当然”的意思。

由此可见，“自”在发展演变的过程中，有了“自己”和“鼻子”的双重含义。不过，其中“自己”的含义在运用的时候更广泛一些。由此，为了更好地区分“自己”和“鼻子”，人们便在“自”的下面加上了一个声符“畀”，使其变成了一个新的形声字——“鼻”字。如此，“自”就单指“自己”“我”，而“鼻”字则用来表示鼻子。两者有了明确的分工，有各自单独的意思。

同时，“自”的引申义有“从”的意思，接着又引申为动词“开始”。如《韩非子·心度》中写道：“法者，王之本也；刑者，爱之自也。”如此一来，“鼻”字也就有了创始、开始的意思。在古代，人们就常常把自己第一个出生的儿子称作“鼻子”，东汉许慎的《说文解字》中就有“今以始生子为鼻子”的说法。这里用到的“鼻”字其实就是“初始”“第一”的意思。另外，西汉扬雄的《方言》中也提及，“鼻”字有开始、最初的意思。

所以，正是因为“鼻”字除表示鼻子外，还有创始、开始的意味，人们也就常常把最早的祖先、创始人称作“鼻祖”。比如，金代著名文学家元好问在其诗《济南庙中古桧同叔能赋》中写道：“濑乡留耳孙，阙里传鼻祖。”

看来，如今“鼻祖”的称谓虽然和“鼻子”基本上没有什么联系，但是从字义发展的角度来看，却和“鼻子”多多少少有些关系。换句话说，“鼻祖”一词的词义就是“鼻子”一词词义延伸变化的结果和产物。只是因为，词义经过了较长时间以及较远的延伸，以至于人们如今已经不能发觉“鼻祖”和“鼻子”有什么关联了。

“信口雌黄”一词中的“雌黄”是指什么

说话是人类的一项基本能力，人们可以就某些事情或某种现象发表自己的意见和看法，但若是不顾事实地随口胡说、妄加评论，就常常会被认为是“信口雌黄”。其中，“信口”我们很容易理解，就是“随口说话”的意思。那么，“雌黄”又是什么呢？为什么说“信口雌黄”就是不顾事实、随口乱说和妄加评论呢？

原来，雌黄是一种矿物，这种矿物的主要成分是三硫化二砷，有剧毒，颜色为柠檬黄，多为细粒状、片状和柱块状，断面具有树脂样光泽，晶体则呈现出宝石或是珍珠光泽，与硫黄有些相似。而且，雌黄有一个十分重要的特性，那就是材质松脆，硬度不高，易碎，手只要用力一捏它就会变成粉状。而人们就很好地利用了它的这一特性，来为书写服务。

由于当时人们书写用的是比较粗糙的黄纸，当在黄纸上写了错字需要改正的时候人们就拿来一块雌黄在黄纸上擦拭，在擦拭的过程中，松脆的雌黄在受到摩擦后表面就会变成粉末，黄色的粉末留在黄纸上就会盖住原来的错字，人们就可以继续书写。对此，北宋科学家沈括在《梦溪笔谈》中写道：“馆阁新书净本有误书处，以雌黄涂之。尝校改字之法：刮洗则伤纸，纸贴之又易脱，粉涂则字不没，涂数遍方能漫灭。唯雌黄一漫则灭，仍久而不脱。”所以，“雌黄”不仅仅是一种矿物，还是一种能够用于修改涂抹的颜料，能够很好地把错字掩盖住，保证书写地顺利进行。久而久之，雌黄逐渐有了窜改文章的意思，并且由此有了“随便乱说”

的引申义，也就是成语“信口雌黄”所表达的意思。

可见，成语“信口雌黄”中之所以用“雌黄”来指说话时的随意轻率，就是因为“雌黄”具有涂抹修改的功能，因而随便使用雌黄也就意指不顾事实、毫无根据的信口乱说。就这样，“雌黄”由一种矿物变成了胡言乱语的代名词。

当然，“雌黄”除用于修正书写外，还是一种罕见的清晰、明亮的黄色颜料。比如，在敦煌莫高窟的壁画中所使用的黄色颜料中就有一定的雌黄成分，它在西方的绘画中也常作为颜料被使用，尽管雌黄具有强烈的毒性。另外，雌黄还是一种中药。比如，《神农本草经》中就把雌黄列为“中品”，在其他古代医药书籍中也有雌黄入药的记载，用作杀虫、解毒、消肿等。